阿拉善博物馆

Aixa Museum

SERIES

带你走进博物馆

阿拉善博物馆　编著

文物出版社

《带你走进博物馆·阿拉善博物馆》编辑委员会

主　任：包　金
副主任：金　杉　樊　晋　陈　海　高　东
主　编：景学义
副主编：李晋贺
审　校：肖福明　巴戈那　张震洲　李　宇
编　辑：王秀梅　梅　花　王晓莉　蔡彤华　秦　清　边文利
摄　影：杨　峰　陈东旭

封面设计：周小玮
责任校对：赵　宁
责任印制：陈　杰
责任编辑：冯冬梅

图书在版编目（CIP）数据

阿拉善博物馆/阿拉善博物馆编著．－北京：文物
出版社，2013.8
　（带你走进博物馆）
　ISBN 978-7-5010-3739-1

　Ⅰ．①阿…　Ⅱ．①阿…　Ⅲ．①博物馆－介绍－阿拉
善盟　Ⅳ．①G269.272.62

中国版本图书馆CIP数据核字（2013）第137152号

阿拉善博物馆

阿拉善博物馆　编著

文物出版社出版发行
（北京市东直门内北小街2号楼　100007）
http://www.wenwu.com
E-mail：web@wenwu.com
北京燕泰美术制版印刷有限责任公司制版印刷
新华书店经销
880×1230　1/24　印张：5
2013年8月第1版　2013年8月第1次印刷
ISBN 978-7-5010-3739-1　定价：28.00元

赠　言

　　未成年人将要承担中华民族伟大复兴的重任。关心未成年人的健康成长，关心他们的思想道德的建设是我们每个人的责任，各类博物馆不仅是展示我国和世界优秀历史文化的场所，也是未成年人学习知识、培养情操的第二课堂。

　　让这套丛书带你走进博物馆，让博物馆伴随你成长。

国家文物局局长　单霁翔

2004年12月9日

目 录　Contents

阿拉善博物馆

馆长寄语

　　阿拉善，一片高天厚土，巍峨的贺兰山，浩瀚的大漠，辽阔的戈壁，广袤的绿洲，苍凉中孕育着无限的生机，空旷里蕴含着无尽的魅力。

　　阿拉善博物馆，融地域、历史、民族文化特色为一体，综合和展示了本地区自然与人文的不断变迁与发展。走进博物馆，欣赏7000年前精美的器物，感叹先民精湛的石器加工技艺，识读东汉石刻里古老的讯息，参悟居延汉简中烽烟的含义，感受岩画上舞者始终如一的激情，聆听黑城亘古的传说，体验卫拉特古老的民族风情，您的思绪必将穿越高山大漠，流淌在西部辽阔的时空里。遥想游牧的艰辛、战火的迷茫、丝路的辉煌、东归的壮举以及现实与未来的华丽混响，您一定会为阿拉善悠久的历史文化感到惊讶，厚重的历史文化底蕴告诉我们——这里也是中华文明孕育、交融的根脉地带。

　　阿拉善博物馆作为对外宣传交流、对内实施爱国主义教育和国民素质教育的窗口，承担着保护和传承地区文化的使命和责任，随着免费开放的不断深入，服务社会水平的不断提高，社会影响力的日益扩大，其必将在公共文化服务领域产生越来越大的影响，必将成为广大观众了解、体验和研究阿拉善历史文化、享受公共文化服务的重要平台。我们将本着"业精于勤、馆兴于诚"的理念，真诚奉献博物馆人的智慧和汗水，竭诚服务观众、服务社会。

　　阿拉善欢迎您！阿拉善博物馆欢迎您！

阿拉善博物馆馆长　　景学义

概　况

阿拉善地处我国西北、内蒙古自治区西部。茫茫草原和壮丽雄浑的山川大漠，孕育了阿拉善的历史与文化，并是其壮大进而走向辉煌的根源。世代生活在这里的游牧民族及其子孙们，在大自然和人类社会的对撞和交融中不懈地拼搏奋斗，历经沧桑变迁，在这片辽阔富饶的土地上用智慧和力量创造了一个个不朽的传奇，与此同时，积淀了深厚的历史文化底蕴，创造并丰富了灿烂且独树一帜的阿拉善草原文化。

在广袤的阿拉善草原上、在黄河西岸、在古居延地区、在贺兰山沿线、在戈壁绿洲和瀚海大漠之中随处可见数千年来历史遗留的印记：史前遗存、商周遗址、汉唐重镇、万里长城、烽燧亭塞、古堡关隘、屯田遗迹、冶炼场所、宗教寺庙、古墓葬以及举世闻名的居延汉简、西夏文书等，构成了阿拉善地区多姿多彩、波澜壮阔的历史画卷。这些有着珍贵价值的历史文化遗产的发掘、保护和传承重担责无旁贷地由阿拉善博物馆挑起。

阿拉善博物馆于1997年成立，阿拉善盟委、行署和阿拉善文化广播电影电视局为适应新时代下博物馆的发展需要，为满足社会需求，为地区文化事业迈向一个更高层次，投入大量资金建设新馆。新馆北与盟党政大楼隔街相望，东侧是金色胡杨音乐厅和文体活动中心，南侧与图书馆为邻，处于巴彦浩特镇东城区文化圈的核心地带。博物馆馆区占地面积20000平方米，建筑面积13800平方米，文物库区面积750平方米，展厅面积4000平方米。主体为四层混凝土框架结构（零层为技术、设备用房，一、二层为展览陈列区和公共服务区，三层为办公区）。四面环廊，大幅雕像悬挂其上，巨大的古典铜门分嵌在南、北两壁。南侧广场宽大平坦，便于观众集散；生长在阿拉善草原被视为力量与智慧化身的雕塑屹立在北侧广场，整个建筑群体端庄大气，同时散发出浓浓的草原文化气息。

阿拉善博物馆是一座综合类博物馆，兼具文物保护、研究、征集、展陈，社会教育，文化休闲服务和对外宣传交流，承办重大庆典活动等多种功

阿拉善博物馆外景

能，是阿拉善盟开展文物保护研究、面向公众举办各类展览活动、普及科学知识的重要场所。阿拉善博物馆在免费开放的同时，努力发挥窗口形象和教育基地作用，不断提高服务水平，以展陈、保护、研究为切入点，多种举措并行，面向社会传播历史文化知识，对广大群众进行爱国主义、集体主义、弘扬革命传统和热爱家乡的宣传和教育。阿拉善博物馆作为阿拉善历史缩影的载体，已被大众所了解、熟知、接纳，在地区经济和社会发展过程中起到了不可替代的重要作用。通过不断努力和自我完善，阿拉善博物馆于2011年7月成功申报为国家AAA级旅游景区，同年9月被评为内蒙古自治区第四批爱国主义教育示范基地；2012年10月被内蒙古自治区科学技术协会评为"内蒙古自治区科普教育

基地"；经过博物馆自身的努力和各级专家的评估，2013年，国家文物局批准阿拉善博物馆为第二批国家二级博物馆。

阿拉善博物馆馆藏文物种类丰富，有许多藏品被列为国家级珍贵文物。博物馆的展陈内容较为全面地介绍了阿拉善久远的历史和博大精深的地方民族艺术。各展厅大量融入了声、光、电和多媒体等现代元素，在现代科技和历史文物的交相辉映下，置身其中，让您宛如穿越时空般地融入到阿拉善草原悠悠历史长河之中，去抚触阿拉善草原文化的精髓，去了解和领略阿拉善草原独特的自然人文景观、珍贵的历史文化遗存、浓郁的民族风情，去感悟大漠情怀，去体验阿拉善的神与奇！

带你走进博物馆

发展史

阿拉善博物馆自建立以来，在保护阿拉善盟珍贵历史文化遗产、宣传阿拉善文明脚步、弘扬阿拉善奋斗精神、促进和谐阿拉善建设等方面发挥了重要的作用。这个处在祖国西北边陲的博物馆，现已成为阿拉善盟乃至整个内蒙古自治区西部地区实施国民素质教育、开展对外宣传的重要基地，也是对内实施爱国主义教育、弘扬民族优秀文化的前沿阵地。

阿拉善博物馆在成长和发展过程中历经了两次变身，即王府博物馆时期和额鲁特东路博物馆时期。

一、昔日定远，见证文明
——王府博物馆时期
（1986～2009年）

阿拉善博物馆旧馆在巴彦浩特城北"定远营"的阿拉善王府内，阿拉善王府是阿拉善和硕特旗王爷的官署和居住地，自阿拉善和硕特旗第二代王爷阿宝起，在之后的200多年时间里，"定远营"一直是阿拉善地区重要的政治、经济、宗教、文化中心。

王府博物馆首先起源于1986年成立的阿拉善左旗文物工作组，首要任务是对阿拉善本地的亲王府所在的府址给予保护。

1981年，阿拉善盟文物管理站筹备小组成立。1986年，阿拉善左旗文物管理所正式成立，阿拉善亲王府正式移交至阿拉善左旗文物管理所。1996年6月，阿拉善左旗文物管理所和阿拉善盟文物管理站合并后依托王府古建筑群筹备创建了阿拉善博物馆，于1997年5月1日正式开馆，时任全国人大副委员长的布赫题写了"阿拉善博物馆"6个笔精墨妙的大字，并悬挂在阿拉善王府正门上。阿拉善博物馆设置有业务部、宣教部、保管部、财务办公室、安全保卫部，属综合类博物馆，隶属内蒙古自治区阿拉善盟文化广播电视局。

二、弘扬文化，宣传文明
——额鲁特东路博物馆时期
（2010年至今）

2010年10月，在阿拉善盟委、行署的高度重视下，阿拉善博物馆作为建盟30周年献礼工程顺利完工并投入使用。内设考古部、研究部、文保部、信息部、展陈部、宣教部、安保部、财务部、后勤部、办公室。

新馆名由蒙、汉两种文字组成，体现了民族大团结，符合少数民族地区文字使用规范的要求；阿拉善博物馆汉语馆名继续延用布赫副委员长那苍劲有力的题字，此外还精心设计了有着浓郁地方特色的馆徽，由字母A和M的艺术体组成，具有多层含义：一是"阿盟"两字的拼音缩写；二是取英语Alxa Museum（阿拉善博物馆）两词的首字母；三是馆徽整体外观是一峰艺术化了的象形骆驼，它代表了中华驼乡——阿拉善，古老而厚重的驼文化赋予其顽强的生命力和历史使命；四是馆徽的颜色和造型体现了阿拉善独特的主体地貌——大漠和高山。

总之，阿拉善博物馆新馆的设计理念以及丰富多彩的民族特色展包含了丰富的文化内涵，当您畅游在民族文化氛围

阿拉善博物馆馆徽及布赫题写的馆名

带你走进博物馆

浓厚的博物馆，既能享受文化盛宴又能陶冶情操。

三、队伍建设与科研成果

在阿拉善盟文化广播电影电视局的大力支持和博物馆工作人员的共同努力下，新馆投入使用后各项工作步入正轨，在维持好正常工作的有序进行外，领导们狠抓文博队伍建设和文物科学研究，使得阿拉善的文博事业蒸蒸日上。

1. 文博队伍建设

新馆建成后，共有80多名工作人员忙碌在不同的工作岗位，在编人员由旧馆的20人增长到43人（包括3名研究生），其中副研究馆员6人、馆员17人、助理馆员20人。

在新人的考录中，上下级领导不仅严把学历关而且注重综合素质的测试；单位克服了新馆员多于老馆员的困难，采取

传、帮、带的方法培养新人，鞭策大家在内蒙古文博界内部交流的《阿博信息报》上投稿，阅览其他盟市的信息报等，并组织全体馆员参加各种文博知识专家讲座，尤其是由阿拉善盟文化广播电影电视局牵头，由图书馆、群艺馆、金色胡杨音乐厅和博物馆承办的"文化大讲堂"活动，大大丰富了馆员们的文博知识，使馆员迅速成长为合格的文博人员。经过全体馆员齐心协力的努力，阿拉善博物馆已拥有一支业务精、素质高的文博队伍。近几年，有十几人多次荣获盟、自治区和国家级各类嘉奖，单位也由于工作突出，先后获得各级各类奖项。俗话说："众人拾薪火焰高"，由于每位馆员都能恪尽职守、默默奉献，为阿拉善的文博事业倾尽才华与智慧，才有了阿拉善博物馆今天的辉煌。

集体和个人荣誉称号红榜

获奖时间	奖励内容（荣誉称号）和获奖等级	颁奖部门	获奖者
1998年	社会治安综合治理先进单位	中共王府街道工作委员会 王府街道办事处	阿拉善博物馆
2002年1月	阿拉善盟盟直文化广播电视系统 2001年度先进集体	阿拉善盟文化广播电视局	阿拉善博物馆
2002年10月	阿拉善盟美术书法摄影创作大赛荣誉奖	阿拉善盟宣传部 阿拉善盟文化广播电视局 阿拉善盟文联	阿拉善博物馆
2007年2月	全区检察机关"双先"表彰会集体一等功	内蒙古自治区人民检察院	阿拉善博物馆
2008年1月	全区检察机关查办贪污贿赂犯罪案件 优胜单位	内蒙古自治区人民检察院	阿拉善博物馆
2011年3月	2010年度实绩考核突出单位	阿拉善盟文化广播电影电视局	阿拉善博物馆
2011年3月	2010年文广系统平安创建先进集体	阿拉善盟文化广播电影电视局	阿拉善博物馆
2012年7月	"全区草原文化遗产宣传讲解大赛" 团体二等奖	内蒙古自治区文化厅 内蒙古自治区文物局	阿拉善博物馆
2013年	"工人先锋号"	阿拉善盟工会	阿拉善博物馆
1989年	自治区第二次全国文物普查先进个人	内蒙古自治区文化厅 内蒙古自治区文物局	巴戈那
2008年6月	被评为文博专家并被录入《中国当代 文博专家志》	国家文物局	
1989年9月	全区文物普查先进工作者	内蒙古自治区文化厅	朝格图
2000年1月	阿拉善盟盟直文化广播电视系统 1999年度先进工作者	阿拉善盟文化广播电视局	
2009年3月	2008年第三次全国文物普查先进个人	阿拉善盟文化广播电视局	景学义
2010年10月	庆祝阿拉善盟成立30周年活动先进个人	中共阿拉善盟委员会 阿拉善盟行政公署	

带你走进博物馆

获奖时间	奖励内容（荣誉称号）和获奖等级	颁奖部门	获奖者
2011年3月	建盟30周年献礼工程先进个人 2010年度全盟文广系统"五带头"模范党员 2010年度实绩考核优秀领导干部	阿拉善盟文化广播电影电视局	景学义
2011年6月	全盟纪念建党90周年暨创先争优活动"先锋杯"表彰优秀共产党员荣誉称号	中共阿拉善盟委员会	
2009年3月	2008年第三次全国文物普查先进个人奖	内蒙古自治区第三次全国文物普查领导小组 内蒙古自治区文化厅 内蒙古自治区文物局	巴戈那 张震洲
2009年10月	论文《关于我盟博物馆免费开放的思考》荣获优秀论文奖（最高奖）	《文化大视野》编委会 中国群众文化学会	陈东旭 肖福明
2011年10月	全区第七次精神文明建设经验交流会先进个人	中共阿拉善盟委员会 阿拉善盟行政公署	王晓莉
2011年12月	第三次全国文物普查工作积极贡献奖	国务院第三次全国文物普查领导小组办公室	景学义、巴戈那、阿拉腾草格图、张震洲、袁建民、胜利、朱浩、笋布尔
2012年7月	"全区草原文化遗产宣传讲解大赛"中文组一等奖	内蒙古自治区文化厅 内蒙古自治区文物局	项羽 解景媛
2012年7月	"全区草原文化遗产宣传讲解大赛"蒙文组二等奖	内蒙古自治区文化厅 内蒙古自治区文物局	达瓦
2012年7月	"全区草原文化遗产宣传讲解大赛"中文组三等奖	内蒙古自治区文化厅 内蒙古自治区文物局	李亚男
2012年7月	"全区草原文化遗产宣传讲解大赛"英文组三等奖	内蒙古自治区文化厅 内蒙古自治区文物局	李秦

2．馆员的科研成果

领导常常鼓励馆员们在做好本职工作的同时进行文物研究和课题钻研，以不断提高自身的文博专业技术知识。在大家的认真学习和潜心研究下，先后有11篇关于文博研究论文发表在自治区级和国家级文博刊物上，出版了6种图书，作为一个盟市级博物馆，成绩喜人。

馆员的科研成果一览表

时间	论文、著作名称	论文发表刊物、著作出版社	作者
2003年	《关于保护和利用蒙古族文化遗产问题》	《内蒙古社会科学》（第3期）	梅花
2012年1月	《浅谈巴彦浩特镇施工工地出土古钱币》	《内蒙古科技》（蒙古文，双月刊）	
2004年	《阿拉善左旗头道沙子遗址调查》	《内蒙古文物考古》（第1期）	李国庆、巴戈那
2004年	《阿拉善左旗银根岩画》	《内蒙古文物考古》（第2期）	
2005年	《元西湖书院刻本＜文献通考＞散页跋》	《出土文献研究》（第7期）	巴戈那
2005年	《试析阿拉善和硕特旗与定远营的历史渊源》	《档案与社会》（第6期）	董娜仁花
2005年	《从居延汉简看汉代居延地区社会经济》	《内蒙古文物考古》（第2期）	陈东旭、李国庆
2009年	《关于我盟博物馆免费开放的思考》	《文化大视野——全国群众文化、图书、博物论文集》	陈东旭、肖福明
2009年	《关于培养讲解员的几点思考》	《文化大视野》（第11卷）	
2009年	《阿拉善旗蒙古族妇女的传统衣着特征与习俗禁忌》	《内蒙古文物考古》（第1期）	蔡彤华
2011年	《蒙古族的骆驼习俗》	《赤峰学院学报》（第3期）	孟和套格套、蔡彤华
2010年	《内蒙古自治区第三次全国文物普查新发现》	文物出版社	巴戈那（编委之一）

时间	论文、著作名称	论文发表刊物、著作出版社	作者
2011年	《瀚海凝珍》	内蒙古大学出版社（文化遗产丛书）	景学义、梅花
2012年	《草原文明的见证——阿拉善左旗》	阳光出版社	巴戈那、许小燕、刘艳
2012年	《草原文明的见证——阿拉善右旗》	阳光出版社	范荣南、景学义、张震洲
2012年	《草原文明的见证——额济纳旗》	阳光出版社	肖福明、傅兴业、丽丽
2012年	《阿拉善蒙古族节庆礼俗》	阳光出版社	景学义、巴戈那、许小燕

　　历史成就辉煌，实力见证荣耀。本着"科学管理、合理指导、努力进取、开拓创新、争先创优"的管理、工作理念和原则，年轻的阿拉善博物馆已硕果累累，今天的努力定会促使阿拉善博物馆的明天更加灿烂美好。

文物保护和征集

文物是人类在社会活动中遗留下来的具有历史、艺术、科学价值的遗迹和遗物。它有两个基本特征:第一,必须是由人类创造的,或与人类活动有关的;第二,必须是已经成为过去的历史,无法重新创造的。文物可补史证史,是无言的历史,其研究价值可见一斑。在举国上下响应党的号召进行文化遗产保护工程的同时,阿拉善盟的文化遗产保护事业也在紧锣密鼓地开展着,先后协助内蒙古自治区文化厅、文物局圆满完成第二、三次全国文物普查工作,由于业绩显著,受到各级部门的奖励。文博专家们不辞辛劳地对阿拉善盟的不可移动文物进行了周密调查、详细记录和有效保护;对可移动文物则进行征集收藏、潜心研究、分门别类、科学保护和展览陈列。

1. 不可移动文物的调查保护

自1998年至2012年,阿拉善博物馆对本辖区的古文化遗址、古墓葬遗址、古建筑、石窟寺及石刻、近现代重要史迹及代表性建筑等不可移动文物现状进行了保护及调查、勘察。列表如下:

阿拉善博物馆文物保护和征集一览表

日期	不可移动文物调查保护情况
1998年	进行了贺兰山西麓木仁高勒苏木境内的石棺墓葬抢救性发掘工作,完成了发掘工作报告

续表

日期	不可移动文物调查保护情况
2000年	完成了居延地区遗址调查工作，包括阿拉善博物馆与额济纳旗文物管理所联合组织的居延遗址专项调查、黑水城国际研讨会野外考察、居延国际研讨会野外考察、内蒙古自治区文物保护信息中心组织的两次居延遗址专项调查，考察范围覆盖了居延地区所有的遗址分布区，北至中蒙边境的乌兰川吉（烽火台），南至大湾城，东至东居延海，西至马鬃山地区的恐龙化石遗存，包括黑城、绿城、居延城、肩水金关遗址、殄北侯官遗址、卅井侯官遗址、红庙、新西庙、土尔扈特王府等一系列重要遗址
2001年	开始进行头道沙子新石器时代遗址调查工作，完成了标本采集、分类和绘图工作
2002年	进行了苏木图石窟寺专项调查工作，完成了数据测量工作，配合完成了洞窟清理、记录和绘图等工作
2003年	进行了曼德拉山岩画群的详细调查，完成了数据采集、编号、拍摄等工作，独立完成了岩画群分布带的绘制工作，为后期制作岩画群分区分布图采集了基础数据，提供了原始依据
2003年7月	南寺双白塔其中的一座在暴雨中倒塌，阿拉善博物馆组织专业人员进行了抢救性发掘，出土了大量佛造像、经书等文物
2005年	开展了苏宏图细石器加工场遗址的调查工作，完成标本采集、数据记录和影像资料拍摄工作
2005年	针对定远营开展了国家级重点文物保护单位的申报工作，国务院于2006年将定远营列为第六批国家级重点文物保护单位。定远营古城包括阿拉善王府、家庙（延福寺）、城垣和传统古民居
2005年	阿拉善博物馆申报福因寺、广宗寺、昭化寺、苏木图石窟寺、希勃图遗址、达里克庙6处文物保护单位为第四批自治区级重点文物保护单位，同年获批
2006年	阿拉善盟被列为第三次全国文物普查试点单位，阿拉善博物馆组织专业人员对阿拉善左旗境内的不可移动文物开展了调查工作。普查过程中复查文物点60处，新发现各类文物点330处
2007年	完成了内蒙古自治区第二批非物质文化遗产保护名录的申报工作，独立完成了各项目文本整理、制作，并配合完成了论证、申报等工作
2007年5～9月	阿拉善博物馆专业人员与内蒙古自治区长城资源调查项目组完成了盟内明长城资源调查工作任务，共调查墙体总长78717米、烽火台32座、敌台25座、城堡6座、石刻1处，拍摄数码照片1000张、光学照片360张、影像资料240分钟，绘图6张，采集标本13袋（87片/块）

续表

日期	不可移动文物调查保护情况
2008年8月 2011年8月	在原阿拉善左旗水泵厂院内的施工现场和阿拉善盟孪井滩生态移民示范区的一处供热管道施工现场分别发现了2处西夏古钱币窖藏，出土汉、唐、宋、金、西夏等时期钱币共15000多枚
2009年8月 12日	清理清代夫妻合葬墓。清理出乾隆、嘉庆、道光等时期的铜钱109枚、清代官帽兰顶珠1个、银质头饰4件、耳环1对、瓷瓶2件及其他一些残件
2009年11月 11～15日	前往乌力吉苏木银根地区开展岩画标本采集工作，共采集岩画标本10块
2009年11月	与自治区长城资源调查项目组行程万里，查明阿拉善左旗境内早期长城资源的保存状况，掌握了汉及西夏时期长城本体的分布、烽燧线的走向及城障的规模等一系列信息。阿拉善左旗境内共分布墙体2段、烽火台160余座（新发现40余座）、城障10多处（多为新发现）、居住址1处，采集标本30余件(均为残片)，拍摄数码照片2000余张、录像4盘
2011年 5～6月	专业人员至呼和浩特市工作站完成阿拉善左旗早期长城资源数据库录入和修改工作，同期，阿拉善左旗汉代和西夏长城资源数据库通过国家长城资源调查项目组验收
2011年8月	配合内蒙古电视台《蔚蓝故乡》栏目组完成涉及阿拉善左旗境内明长城等内容的摄制工作
2011年10月	专业人员至呼和浩特市工作站，进行阿拉善左旗境内汉代、西夏长城资源调查报告撰写工作
2011年	完成了宁夏、内蒙古两区交界处明代长城19处保护标志及说明牌的树立工作
2012年	制订了内蒙古自治区阿拉善盟敖轮布拉格地区（长城）烽火台保护工程方案

带你走进博物馆

2．可移动文物的征集情况

从某种角度上说，了解一个地方的过去和现在是从博物馆开始的。一座博物馆就是一部物化的发展史，人们通过文物与历史对话，穿过时空的阻隔，俯瞰历史的风风雨雨。博物馆里所陈列的并不单单是无声无语的文物，而是源远流长的地方历史的重要见证；从更大的范围说，博物馆甚至是维系民族团结、国家统一的看不见的精神纽带。为了科学保护反映阿拉善边疆文化和少数民族地区的特色文物，阿拉善盟有关部门在文物发掘、征集方面已投资约1800万元人民币。目前，阿拉善博物馆拥有的各类藏品达31500件，民间捐赠187件。藏品内涵丰富、时代跨度大，反映了阿拉善自石器时代以来的不同历史时期的文化风貌，具有极高的研究价值。已确定的国家级珍贵文物有74件（套）。其中元至元通行宝钞、元至正版《文献通考》、清錾花"公侯万代"铜盆、东汉石刻、清錾花双耳紫铜奶桶等9件为国

家一级文物，清雍正"定远营"石刻、"大清雍正年制"款祭红盘、清绣龙纹紫色查玛服、清大头景泰蓝马鞍等20件为国家二级文物，清《御纂医宋金鉴》医书、清双龙戏珠纹蒙古刀和火镰、清铜鎏金绿度母造像、清绣双凤牡丹黑缎鼻烟壶褡裢、清绣丹顶鹤藏蓝缎朝服等45件为国家三级文物。

元至元通行宝钞

元至正版《文献通考》

清錾花"公侯万代"铜盆

清錾花双耳紫铜奶桶

一级文物

"大清雍正年制"款祭红盘

清雍正"定远营"石刻

清绣龙纹紫色查玛服

清大头景泰蓝马鞍

二级文物

清双龙戏珠纹蒙
古刀、火镰

清绣双凤牡丹黑
缎鼻烟壶褡裢

清铜鎏金绿度母造像

清绣丹顶鹤藏蓝缎朝服

三级文物

带你走进博物馆

馆藏精品文物

阿拉善博物馆藏品30000余件，其中以反映边疆文化和少数民族地区宗教信仰、政治、经济和生产生活等内容的文物最具特色。为保证藏品安全，阿拉善博物馆针对馆藏文物专门成立了文物修复鉴定小组，特别加强了对文物进行相关保护措施（修复、防紫外线、除尘、防微生物等）和鉴定工作，能够使其长久见证阿拉善草原的历史。在此，将部分馆藏精品文物介绍给大家，便于朋友们通过阿拉善博物馆了解文化底蕴深厚的阿拉善。

一、史前文化

早在石器时代，在阿拉善草原上就有了人类活动的足迹。自1958年起，考古工作者们在阿拉善地区陆续发现了鹿圈山灰坑遗址、苏宏图细石器加工场遗址、头道沙子遗址等9处史前遗址，发掘和采集到了一批石器和陶器标本，这批石器和陶器的发现，为研究石器时代的阿拉善草原史前文化提供了宝贵的实物资料。

1. 石叶：新石器时代。阿拉善左旗苏宏图细石器加工场遗址采集。长3～5、宽0.5～0.8、厚0.3～0.5厘米，薄片状，玛瑙质，经过第二次加工打制而成，属刮削器。

石　叶

2．石核：新石器时代。阿拉善左旗苏宏图细石器加工场遗址采集。长4~6、底面直径0.8~1.8厘米。玛瑙质，有锥状、柱状等。石核是剥离石叶、刮削器后形成的"下脚料"，也被当做钻、刮削器、铲、斧等使用。

3．石磨棒、石磨盘：新石器时代。阿拉善左旗头道沙子遗址采集。石磨棒长16、高6、厚4厘米，石磨盘长26、宽15、厚4.5厘米。砂岩质，用来加工植物籽粒，磨盘基本呈椭圆形，磨棒呈半月形。这类器物的大量出现，说明采集业已形成规模，萌生了原始种植业。

石　核

4．双孔石刀：新石器时代。额济纳旗巴彦陶来遗址采集。石质，经过打磨，分别呈月牙形和长方形，月牙形石刀长14、最宽5.5、厚0.7厘米，长方形石刀长9、宽5.5、厚1厘米。均为单面刃，中部有2个并排的穿孔。作为劳动工具和武器使用。

石磨棒、石磨盘

双孔石刀

带你走进博物馆

5．花边口尖圜底陶罐：新石器时代。阿拉善左旗头道沙子遗址采集。高约35.5、口径22、最大腹径26厘米。夹砂灰陶，侈口、花边口沿、束颈、略鼓腹、尖圜底，器身饰绳纹。属生活用具。

6．单耳绳纹陶鬲：新石器时代。阿拉善左旗鹿圈山灰坑遗址出土。高

16、腹径14、袋高7.6厘米。夹砂灰陶，直口、单耳、袋状三足，器身饰绳纹。这类器物用于煮食，属生活用具，新石器时代晚期出现，商周时期继续流行。

7．红陶彩绘盆：新石器时代。阿拉善左旗鹿圈山灰坑遗址出土。高12、口径16、底径8厘米。泥质红陶，卷唇、略鼓腹、平底、内壁饰黑色竖线纹。属生

花边口尖圜底陶罐

单耳绳纹陶鬲

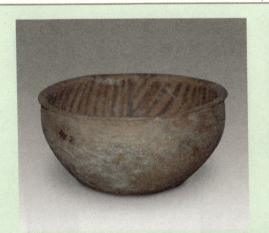

红陶彩绘盆

双耳侈口陶罐

活用具。

8. 双耳侈口陶罐：新石器时代。阿拉善右旗巴丹吉林沙漠腹地遗址采集。高11.1、口径6.8、底径5.3、腹围39厘米，重265克。夹砂灰陶、侈口、双耳、长颈、折肩、鼓腹渐下收、平底。属生活用具。

二、汉至隋唐时期

西汉时期，汉武帝在"居延泽"设立居延都尉府，采取筑城设防、移民屯田、兴修水利等措施屯垦戍边，以阻断

匈奴南下侵扰河西走廊地区，之后，今额济纳绿洲逐渐成为汉代的边塞重地。经过多次考古调查和发掘，在居延遗址出土了大量的汉简，并发现了多处烽燧亭障，后期调查过程中，这一地区还发现了部分唐代遗存。此外，在阿拉善左旗的敖伦布拉格镇、巴彦毛道农场等地还发现了数量较多的汉代墓葬。

1. 居延汉简：汉代。额济纳旗居延遗址出土。长23.5、宽1.4厘米。木质，呈片状长条形，其材多松杉、白杨、红柳、水柳等。汉隶书写。居延汉简记述内容涉及政治、军事、经济、科技等诸多

方面，对研究汉代档案制度、政治制度、军事制度等具有极高价值。

2. 转射：汉代。额济纳旗居延遗址出土。高45、宽40、厚9厘米。木质，由上、下两横坊间竖装二立坊构成，中心圆轴，上轴开内高外低的斜孔，圆轴可以

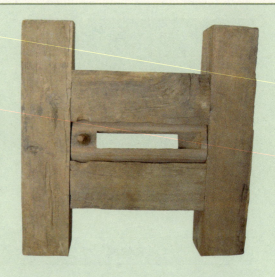

转 射

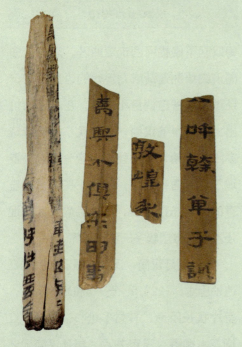

居延汉简

左右旋转120°。形制和功用类似一座活"射塔"，嵌于墙内，可以环转向不同方位发射箭弩。属武器装备。

3. 陶鼎：汉代。阿拉善巴彦毛道农场汉墓出土。高12、口径18、底径13厘米。明器，属殉葬物品。陶质，三叶纹盖，敛口、双耳、折肩、深腹圆底、矮三足。

4. 高脚博山炉：汉代。阿拉善巴彦毛道农场汉墓出土。随葬明器。陶质，高11、底径5.2厘米，炉盖似山峦

陶　鼎

重叠形，镂有气孔，香气可自镂孔之中散发。炉似豆，平口、浅腹、高平足、平底。

　　5．陶仓：汉代。阿拉善巴彦毛道农场汉墓出土。高18、口径10、底径12厘米。随葬明器。陶质，日光纹盖，盖上饰无序的红色斑点，口略小于底，腹部饰2道凹线纹，平底、矮三足。

带你走进博物馆

高脚博山炉

陶　仓

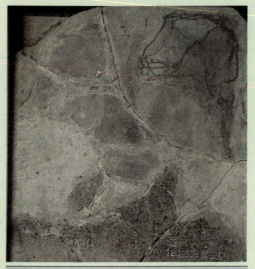

石　刻

□太守□汉武时＼□□四年□徒小吉吏＼□功……"行文记述了汉武帝时期至镌刻时期的疆域边界和派官吏巡视等内容，史料价值极高。

7. 海兽葡萄铜镜：唐代。阿拉善博物馆征集。铜质，直径13.3、厚0.9厘米。高浮雕工艺，镜背由外郭至内共饰三瓣花纹、飞雀与葡萄纹、瑞兽葡萄纹、龟钮4重纹饰。

6. 石刻：东汉。阿拉善左旗腾格里苏木通湖山采集。高129、宽138、厚11.2厘米。沙质岩，自然石面凿刻，隶书，阴刻，现可读百余字，主要内容："汉武威郡本＼汉武帝排逐匈奴北置朔方＼西置张掖碛＼列郭塞西界张掖居延□＼匈奴遭王莽之乱＼北地郡抔塞□更于郡＼□□山沙之外吉□置蓬火先＼□民无警□远耳目＼□□永初□处造作＼□西北房□耳目□也＼□

海兽葡萄铜镜

三、宋、元时期

北宋景祐五年（1038年），随着中国西部的党项民族崛起，李元昊称帝，建立了西夏国，国号大夏，所统治的疆域主要是西北地区，今内蒙古自治区的鄂尔多斯市、乌海市、阿拉善盟以及巴彦淖尔市大部地区都在西夏版图之内。西夏时期按照防御区划设置12军司，与今阿拉善地域直接或间接相关的大致有4个，即：居延地区的黑水镇燕军司、吉兰泰盐湖附近的白马强镇军司、今巴彦淖尔市乌拉特后旗的黑山威福军司和贺兰山东的右厢朝顺军司。在西夏鼎盛时期，这些军司大多官署、民居、商铺、驿站、佛教寺院齐备，已不再是单纯意义上的军事城堡，其经济、文化、宗教等都较为发达，显现出的是一派繁荣景象。

元代，在成吉思汗率军进兵西夏的过程中，攻破黑城，由于黑城是漠北通向内地的枢纽，元朝政府不仅派遣大量军队驻防黑城，还设置了"亦集乃路总管府"辖制居延地区，又对西夏时期的黑水镇燕军司治所进行了扩建，使之成为元朝时古居延道的要冲。到了明代，由于防线回收，且战争已造成了严重的破坏再加上恶劣的自然环境等原因，明朝政府逐渐放弃了这一地区。

居延地区自汉武帝太初三年（公元前102年）路博德筑"居延塞"抵御匈奴至宋、元以来，由于这一地区军事地理位置极其重要，各王朝均加以不同规模的经营，从而使额济纳黑城成为中国古代西北地区的一处军事重镇，也造就了迄今为止古丝绸之路上保存最完整的一座古城址之一。经过不同时期的考古发掘，在黑城遗址出土了数以万计的汉、西夏、元时期的文物，其价值毋需赘言。因此，1982年国务院将其颁布为全国重点文物保护单位并规划实施居延遗

泥擦擦

址保护方案。

1. 泥擦擦：西夏。额济纳旗居延遗址出土。泥质，饼式直径5.1、厚1.2厘米，塔式高9、底径6.5厘米。小型泥塑像，用铜制模具加泥挤压而成的佛塔状或用单面凹凸板模挤压成平面浮雕状。藏语称为"擦擦"，擦擦一般多供奉在朝佛路边专建的小房内，藏语称为"擦康"。

2. 彩绘描金泥佛像：西夏。居延遗址出土。泥质，高10.4、宽7.8厘米，模制，佛呈坐姿，高发髻，面目慈祥，盘坐于莲花台上，双手置于腿上，佛身描金，台座式背屏，佛首上端有1只水鸟和树叶。台座、鸟、树叶等施红蓝绿彩。

3. 古钱币：西夏。阿拉善左旗原水泵厂院内西夏钱币窖藏出土。

天盛元宝，铜质，西夏仁宗李仁孝天盛年间（1149～1170年）所铸的汉文平钱，"天盛元宝"4字楷书，旋读，背无文，直径2.4厘米，重约3.7克。

光定元宝，铜质，西夏神宗李遵顼光定年间（1212～1223年）所铸汉文平

彩绘描金泥佛像

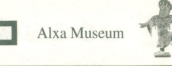

天盛元宝

光定元宝

皇建元宝

钱，"光定元宝"4字楷书，微含行书气韵，旋读，背无文，直径2.4厘米，重约3.6克。

皇建元宝，铜质，西夏襄宗李安全皇建年间（1210～1211年）铸造的汉文平钱，"皇建元宝"4字楷书，旋读，背无文，书体端庄秀丽，边郭峻深，直径2.4厘米，重约3.6克。

4．褐釉剔刻花罐：西夏。高21.8、口径16.5、底径11、腹围77.5厘米。瓷质，内外施褐釉，卷沿、溜肩、鼓腹，肩及腹下各刻有一周弦纹，其中间为剔刻花卉纹，纹饰流畅自然。

5．酱釉荷花纹双系瓷扁壶：西夏。高15、腹径12、口径3.4、底径5.5厘米。

瓷质，扁圆形，小侈口、溜肩、双系、喇叭形圈足。扁腹两面双重凸弦纹，内饰荷花纹。

褐釉剔刻花罐

带你走进博物馆

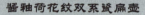
酱釉荷花纹双系瓷扁壶

6. 纸币：元代。额济纳旗居延遗址出土。纸质。元朝纸币制度盛行，纸钞是唯一通用的法定货币，纸币流通经历了中统、至元、至正3个时期。中统元年（1260年）始发"中统元宝交钞"，至元二十四年（1287年）发行了"至元通行宝钞"，至正十年（1350年）发行了"至正交钞"。额济纳旗居延遗址出土的纸币，交钞面额为"一贯文省"，宝钞面额为"贰贯"。"贰贯"长28.9、宽20.1厘米，麻纸，有"至元宝钞"、"诸路通行"、"中书省……违造者斩……"等文

字，正面盖有巴思巴文朱印二方，背面加盖巴思巴文朱印一方。

7. 至正版《文献通考》：元代。额济纳旗居延遗址出土。纸质，长46.5、宽31.6厘米，元代至正版雕刻印刷品，宣纸刊印，楷书，文字竖排，是《文

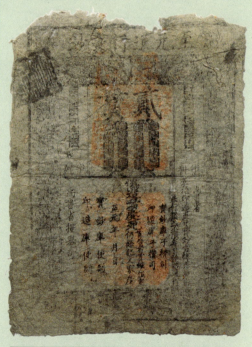

纸币（至元通行宝钞）

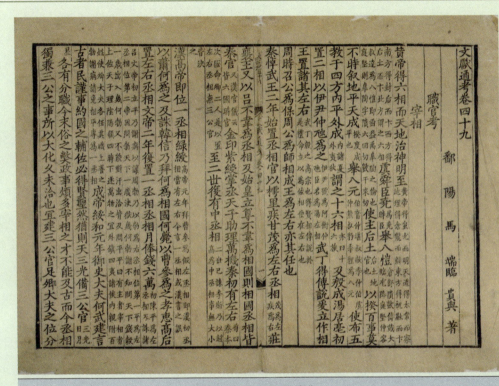

至正版《文献通考》

献通考·职官考》部分，即四十六至四十九卷的内容，记述了上至夏商下至南宋历代官职的产生及由来，还对历代各类官职按级别、司职情况进行分类，介绍了职官制度的历史沿革，具有很高的史学价值，对于研究中国早期文字雕版印刷艺术是不可多得的实物标本。

8. 白釉黑彩凤纹瓷罐：元代。高35、口径15、底径17厘米。瓷质，白釉地黑彩，直口、溜肩、鼓腹渐下收、平底。器物纹饰从上至下分为3层，一、二层饰花草缠枝纹，三层饰展翅飞翔的凤凰纹及卷云纹。

带你走进博物馆

白釉黑彩凤纹瓷罐

"元贞元年上都路造"铜权

9. "元贞元年上都路造"铜权：元代。铜质，高9.7、直径4.8厘米，权为略扁的六角形，纽呈倒梯形，中间有一穿孔，上端略收，六角形底座。权身正面中间部位铸"元贞元年上都路造"汉字。铜权是权衡器，秤砣的称谓，元朝建立之初，元世祖忽必烈十分重视建立全国统一的度量衡制度。

四、明、清、民国时期

明朝时，今阿拉善盟地区成为北方游牧民族跃马扬鞭的丰美牧场。明王朝为加强对北方游牧民族和元朝残余势力的防御，一方面修筑绵延万里的长城，一方面构建整套防御体系，先后按防卫区域设立了9个军镇（"九边"），其中的"宁夏镇"（今宁夏回族自治区中、北部）与今阿拉善左旗仅一山之隔。遗存在贺兰山沿线的大量长城墙体、关堡、烽火台等相关的军事设施成为这一区域内农耕文化与游牧文化相互碰撞、相互交融的历史见证。

康熙十年（1671年）和硕特部为了躲避噶尔丹博硕克图之战迁徙到阿拉善草原定居。康熙三十六年（1697年），设阿拉善旗，册封和罗理为多罗贝勒，赏札萨克印。雍正九年（1731年），清朝将定远营赐予阿拉善第二代王爷阿宝，之后，阿宝不断地扩建定远营，使其逐步形成了集府邸、衙署、家庙、民居和花园等为一体具有典型明清风格的建筑群体。

民国时期，阿拉善旗札萨克和硕亲王达理札雅面对严重的政治动荡、官吏不和、经济衰败、旗民贫困等局面，毅然回旗亲政，采取措施对阿拉善旗政治、经济、军事、文化进行了一系列变革，维系稳定了定远营在阿拉善草原上的政治、经济和文化中心地位。当时仅就商号而言，阿拉善旗有祥泰隆、永盛和、兴泰和等多家商号，尤为突出的是晋商老字号祥泰隆，祥泰隆曾在宁夏开设过隆泰裕，在北京、天津、兰州、南京、上海、重庆、汉口、成都、张家口、包头、归绥（今呼和浩特）等地设立了分庄，还在西安和宝鸡开设分号。由此可见，当时的定远营已成为一座名副其实的塞外商贸集镇。

1. 三纽梵文铜镜：明代。铜质，直径18.6、厚0.4厘米。由外至里共分4层纹饰，第一层为孔雀花纹，第二层有8个梵文间饰牡丹花纹，第三层有5个梵文间饰卷云纹，第四层为中心纽，其下卷云纹，另外2纽与中心纽并为一排，3纽均为空心，镜表层存有镀金痕迹。

2. 錾花"公侯万代"铜盆：清代。阿拉善王府用品。白铜质，高9.1、口径35.3、底径22.5、腹围80.5厘米。直

带你走进博物馆

口、宽折沿、直腹、平底。内錾刻花纹，口沿錾刻4组花卉纹和"公侯万代"4字，间作暗八宝图案，腹部以蝴蝶、花卉纹装饰，底饰云龙纹和海水纹，纹饰均为錾刻工艺。

3. "定远营"石刻：清雍正时期。石质，长61、宽50、厚14~20厘米，字体为楷书、红色。这组石刻是定远营城门上方的门额石。

三纽梵文铜镜

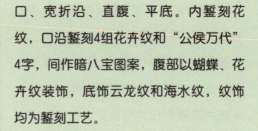

"定远营"石刻

4. 绣丹顶鹤藏蓝缎朝服：清代。长117.8、肩宽60、袖长54、胸围113厘米，重435克。一品文官服，团寿纹藏蓝色缎面，蓝色绸面里，左右后摆均开衩，无领长袖，前开襟，5颗錾花寿字纹

錾花"公侯万代"铜盅

绣丹顶鹤藏蓝缎朝服

子：清代。长方形黄杨木盒，长32.3、宽23.2、高18.4厘米，重3.8千克。梳妆台上盖揭开有镜子一面，盖上有双桃镂空铜扣。梳妆台正面有两层抽屉，上二、下一，抽屉面板上饰有双石榴铜拉手和鱼骨镶嵌的缠枝花卉及老者、鹿等纹样，两侧各有一个铜提环，底部有4个支脚。配套象牙梳子1个，长19.8、

铜扣。前胸后背纹饰相同，均为手工刺绣，绣工精湛细腻，其外围为祥云纹，四边的正中绣有红色寿字，底层纹饰为几何形寿字纹，上有太阳、祥云、海浪、山石等纹样，中心区绣1只丹顶鹤，鹤嘴微张，一脚立在山石上，一脚抬起，呈向阳展翅姿态。此物从阿拉善和硕特亲王达理札雅王府大管家处征集。

5. 鱼骨镶嵌黄杨木梳妆台、象牙梳

鱼骨镶嵌黄杨木梳妆台、象牙梳子

"大清雍正年制"款祭红盘

寿桃形铜笔洗

宽5.6厘米，重70克，呈弧形，素面。这套物品是阿拉善王府用具。

6．"大清雍正年制"款祭红盘：清代。瓷质，高3.4、口径16.25、底径10.25厘米。施祭红釉，釉面呈橘皮状，浅腹，浅圈足，盘沿和圈足内施白釉，圈足内有"大清雍正年制"6字，2行竖排楷书款，外饰青花双圈。

7．寿桃形铜笔洗：清代。高15.5、口径10、底径21、腹围61厘米，盘径18.4厘米，重3.815千克。黄铜质，寿桃造型，平口，腹外围桃树缠绕在上，桃树主干在右，且高于

口、树枝、树叶、果实均活灵活现，缠绕的枝干构成三足。底盘呈桃叶状，3个桃形小足。

8．乾隆铭文铁锅：清代。铁质，分块浇铸而成，高67.5、口径143厘米，直口、鼓腹、圜底，口沿下饰凸弦纹一周，腹中部有一周薄铁板台，板台略上饰联珠纹一周，口沿外侧铸有藏文吉语铭文。板台上腹依次铸有"御前行走阿阑山札萨克多罗君王多罗额驸罗布藏多尔济全郡主多罗格格虔诚敬献，赐延福寺大清乾隆二十七年五月吉日旦铸"等字样，蒙

乾隆铭文铁锅

文译汉字铭文，另饰八宝图案。

9.铁锁甲：清代。铁质，长87.56、胸围59、带两袖宽107厘米，重8.305千克。盔甲由直径0.8厘米的小铁环相互套接而成，无肩半袖且宽，套头，平方翻领，前后下摆中间

铁锁甲

均开衩。

10.石青缎彩绣花蝶纹对襟阔袖女褂：清代。石青缎面料，月蓝色绢里。圆领，对襟，挽袖，左右开裾，褂对襟钉缀4枚吉祥盘扣。周身彩绣蝴蝶、牡丹、佛手等

纹饰，袖口饰白缎地绣五彩花蝶纹，领边、对襟、下摆、两侧镶饰白缎绣花宽边，绣法采用五彩平绣和打籽绣。

蓝绸织金龙纹箭袖吉服袍

石青缎彩绣花蝶纹对襟阔袖女褂

　　11. 蓝绸织金龙纹箭袖吉服袍：清代。衣长133、两袖通长210、下摆宽94厘米。圆领，右衽，马蹄袖，前后开裾，钉缀5枚鎏金扣。袍服以蓝色为主，将金线织于经纬线中，幽深的底色，变动的金色闪烁，使龙纹威猛之外更具生动效果。

12．"阿拉善旗辅国公衔兵驮总管迪庭老大人德政"红绸万民伞：民国。直径130、高133.5、周长408厘米，重310克。圆柱状，以布为底，布底上使用上下3层红绸做表，第一层用金粉书写

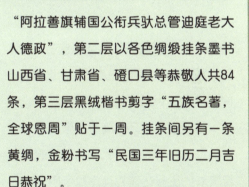

祥泰隆百货庄铭文茶叶罐

"阿拉善旗辅国公衔兵驮总管迪庭老大人德政"红绸万民伞

"阿拉善旗辅国公衔兵驮总管迪庭老大人德政"，第二层以各色绸缎挂条墨书山西省、甘肃省、磴口县等恭敬人共84条，第三层黑绒楷书剪字"五族名著，全球恩周"贴于一周。挂条间另有一条黄绸，金粉书写"民国三年旧历二月吉日恭祝"。

13．祥泰隆百货庄铭文茶叶罐：民国。铁质。长方形，高15.3、宽12.3、厚6厘米。中空，上方有椭圆形盖。一面蓝底，中间绘定远营古城楼、三匹马及牵马人，上下各有文字内容。另一面黄底，饰蓝天、白云、山水、树木等纹

样，其上红字为"祥泰隆百货庄"。一侧面有"诸品名茶"，另一侧面有"开设阿拉善旗定远营便是"等文字。

14．阿拉善旗区防司令部公文箱：民国。木质。长方形，高42.4、长58.2、宽43厘米。上下翻盖，正面上行由右至左写有"阿拉善旗区防司令部"9字，中间竖写"经字"2字，下行由右向左写有"公文箱"3字，均为楷书。箱体表面为军绿色，字以白漆书写。正面上方有2个小铁环，以便搬运。

15．雕龙象牙烟嘴：民国。长10.3厘米。烟嘴中间雕有龙纹。阿拉善和硕特旗末代王爷达理札雅生前所用之物，由达王小女儿达锐捐赠。

16．派克钢笔：民国。长12厘米。阿拉善和硕特旗末代王爷达理札雅生前所用之物，由达王小女儿达锐捐赠。

17．达王照相机：民国。高8、宽15厘米。阿拉善和硕特旗末代王爷达理札

阿拉善旗区防司令部公文箱

雕龙象牙烟嘴

派克钢笔

达王照相机

"名骥第一"赛马奖牌

雅生前所用之物。

18. "名骥第一"赛马奖牌：民国。高11.7、宽11.5厘米。银质薄片，奖牌中间从左至右竖刻有"头等马纪念承庆寺名骥第一恩赐奖赏达亲王民国二十四年八月十一日"字样，其上錾刻龙纹，下莲花瓣纹，两侧卷云纹，四角八宝纹。

五、民族、民俗文物

清朝初期，卫拉特蒙古部落中的和硕特部和土尔扈特部逐水草之美，辗转迁徙，最终定居在贺兰山以西的辽阔牧场和额济纳绿洲。从此，他们在阿拉善大地上代代相传、繁衍生息。在这漫长的进程中，阿拉善和硕特和额济纳土尔扈特蒙古族孕育了独具特色的游牧文化、服饰文化、饮食文化，同时，又在婚庆、丧葬、禁忌、游艺等日常生活方面形成和传承了别样的民族习俗。

带你走进博物馆

1. 阿拉善和硕特女士礼仪帽：清代。高19.4、直径21.5厘米。圆顶，顶结用众多小粒红珊瑚挽成，俗称"算盘疙瘩"，其下镶有凤凰牡丹纹烧蓝镂空银饰片，獭皮帽檐，刺绣绸缎帽缨。

阿拉善和硕特女士礼仪帽

2. 阿拉善和硕特女士头饰一组：清代。阿拉善和硕特女士头饰包括珊瑚珠贴花黑缎辫套、镶珊瑚银簪、镶宝石鎏金银头饰牌、镶珊瑚珍珠头饰、镶珊瑚珍珠烧蓝银耳坠（一对）。这组饰品是阿拉善和硕特女士完整的一套头饰。

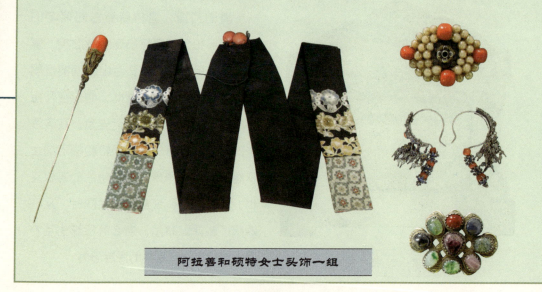

阿拉善和硕特女士头饰一组

镶珊瑚土尔扈特女帽

方挂鼻烟壶褡裢，内装鼻烟壶。蒙古刀和火镰佩戴于腰间右边后侧。

5．阿拉善土尔扈特服饰：现代。土尔扈特蒙古人戴尖顶陶尔其克帽，男子穿短开衩长袍，已婚妇女着无腰带直角襟长袍。圆形或方形马蹄袖。男子腰带左侧前方挂鼻烟壶褡裢，内装鼻烟壶，

3．镶珊瑚土尔扈特女帽：清代。高18.4、直径21厘米。圆形帽，帽顶上以小颗珍珠挽成顶结，并有长长的红色毛线穗，帽子整个镶嵌小颗珊瑚珠，并串成万字、卷云、菱形等纹饰，正面帽檐上缀有镶珊瑚银饰，两侧坠有镂空法轮、盘肠纹银挂饰，上镶珊瑚、绿松石。

4．阿拉善和硕特服饰：现代。阿拉善和硕特男女服饰均受满清服饰的影响，袍子为瘦长形。此款服饰偏襟、镶银铜扣或盘扣，领口、襟边、袖口镶有细边。男女均穿坎肩。男子腰带左侧前

带你走进博物馆

阿拉善和硕特服饰

阿拉善土尔扈特服饰

玉鼻烟壶　　镶宝石珐琅彩银鼻烟壶

绣荷花黑缎鼻烟壶袋

腰间右侧后方佩戴蒙古刀和火镰。女士长袍腰节处的上边装饰称"吉尔固古拉嘎"，中间装饰称"察力玛"，下边立褶称"桑给尔查克"。这些衣饰特点明显有别于其他地区的蒙古族服饰。

6. 鼻烟壶：清代。一般有玉、玛瑙、金属等质地。扁圆形。鼻烟壶是蒙古人相互间问候时不可缺少的物品。

7. 绣荷花黑缎鼻烟壶袋：清代。长方形，长9.5、宽9厘米。装鼻烟壶用，黑缎，袋形显方，袋口穿丝线绳，起系口和装饰作用。袋两面绣有绽放荷花纹样，针法平齐，绣工精湛细腻。

8. 鼻烟壶褡裢：清代。长方形，长32、宽10.4厘米。正面中间有竖开口，两端正方形缎面上用彩色丝线绣各种吉

鼻烟壶褡裢

双龙戏珠纹蒙古刀、火镰

祥图案，绣工精湛细腻。鼻烟壶褡裢是蒙古族男士服饰佩戴必备之物，褡裢折叠后挂于腰左侧前方。

9．双龙戏珠纹蒙古刀、火镰：清代。蒙古刀一般由刀、刀鞘和骨筷组成，刀身一般采用优质钢打制而成，长十几厘米至数十厘米不等，刀柄和刀鞘有钢制、银制、木制、牛角制、骨制等，表面有精美花纹或镶嵌宝石等，有的还饰有二龙戏珠、五福捧寿等图案的银片或铜片。火镰是一种比较久远的取火器物，由于打造时把形状做成酷似弯弯的镰刀与火石撞击

能产生火星而得名。蒙古刀和火镰是蒙古族男士服饰上佩戴必备之物，佩戴于右边腰间。图片中的蒙古刀鞘以皮包制，两端及中间以细白铜条包嵌四周。刀为钢质，刀柄木质，配有骨筷。火镰呈长方形，两面用皮革和白铜条包嵌做装饰，配有镂空錾花白铜挂钩及镶银镂空玉饰物。

10．烟袋锅、烟袋：清代。烟袋锅长29.1厘米，烟袋长19.8、宽10厘米。烟袋锅由烟锅、烟杆和烟嘴3部分组成。烟锅是装旱烟的部分，多用铜、银制作，一般有雕饰。烟杆一二尺长，

烟袋锅、烟袋

錾花双耳紫铜奶桶

一般用红木或鼠李木制作，有天然或油漆花纹，中通。烟嘴大多用玉石和翡翠等做成。三件组装时，接口处加镂花錾花的银束子。烟袋用黑色绸缎缝制而成，袋面绣有花草、云朵、山水、动物等图案。两侧用各种颜色的线编织吉祥结垂下，作为装饰。

11. 錾花双耳紫铜奶桶：清代。高42.5、口径26.7、底径29.5、腹围94厘米。蒙古族生活用品。紫铜质，带盖，斜直壁，四周略向上收口，圈足。盖提之上有白铜錾花火焰形纽，盖沿用刻有云纹的白铜片包边，口沿、腹中部和底部分别用錾刻有卷草纹的白铜片抱箍。两侧各有一个铜环，其下饰錾刻卷草纹长方形白铜片。

12. 白铜茶壶：近代。高21、口径10.4、底径14厘米。白铜质。宽折肩，鼓腹下敛，弯壶流，圈足。火焰形纽，纽下及盖沿边均錾刻云纹和缠枝花草纹饰。双提梁，两端镶嵌花瓣形錾花

白铜茶壶

白铜饰片。

　　13．包银碗：清代。高7.5、口径16厘米。木质全包银。外围及圈足内錾刻有吉祥八宝、回字及龙凤纹。

　　14．景泰蓝马鞍：清代。前桥高28.5、后桥高18.5、长43、宽30厘米，重6.045千克。前后高桥，景泰蓝包边，前后桥中间分别镂空制作成冠状景泰蓝

带你走进博物馆

包银碗

景泰蓝马鞍

装饰区。景泰蓝采用雕空填彩法制作，有红蓝绿等色。皮质鞍垫上饰7个圆形景泰蓝鞍花，座上饰6个景泰蓝鞍花，与鞍具形成统一的风格；镂空景泰蓝白铜马镫，就式样来说属女士鞍具，是阿拉善王府内用品。

驼毛褡裢

15．驼毛褡裢：现代。长125.5、宽54.3厘米，重2.75千克。驼毛制品，长方形，由白、棕两色驼毛线搭配织成，竖条纹，翻盖，两端各有一个大口袋，四角用驼毛线穗做装饰。属生产生活用具。

16．勒勒车：近代。"勒勒"是牧人赶车吆喝牲口的声音，勒勒车因此而得名。勒勒车按其构造分为上、下两部分，上部是车辕和车架，下部由车轮、车辐、车轴等组成，双辕双

勒勒车

轮。每个车轮外圈由6节木辋衔接而成，内有18根短木做辐，中心处套接车轴。为了结实，车辋外一般扣一周铁瓦，轴孔里也放铁箍，车轴上套一个铁圈，穿上车轴后，车轴外面还插一根别棍称为"车辖"。勒勒车的特点是车轮大车身小，结构简单，使用也很方便，适于在草地、雪地、沼泽和沙漠地带运行。在早期，勒勒车是蒙古族在游牧生活中不可或缺的交通运输工具。

17．蒙古象棋：近代。木质雕刻，高4.7～7.6、宽1.9～3.3厘米，共32枚棋子，双方各16枚，有王、后、车、马、驼、兵，每枚棋子都雕刻得栩栩如生，很是精美。蒙古象棋是世界棋苑中独具特色的棋类，形式与国际象棋相同，而某些棋子的着法又类似于中国象棋，所以，在棋类中有着"中西合璧"之美誉。可以说，每枚棋子都是蒙古民族生活中的真实写照，而且又都是精湛的微雕工艺珍品。

蒙古象棋

带你走进博物馆

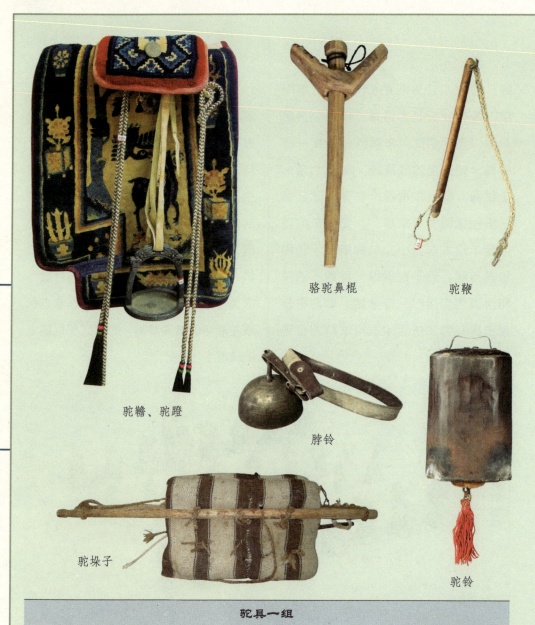

骆驼鼻棍

驼鞭

驼鞯、驼蹬

脖铃

驼垛子

驼铃

驼具一组

18．驼具一组：现代。骆驼是阿拉善地区相对特有的牲畜，以往是阿拉善人主要的骑乘和运输工具。阿拉善放养骆驼有着悠久的历史，不论品种还是数量都在全国的前列。驼具主要包括驼鞯、驼蹬、驼垛子、驮架、鼻棍、驼铃、脖铃、驼褡裢等。驼具的制作往往因地制宜，就地取材，手法简易，完全依靠手工来完成，凭经验去传承。蒙古族的养驼习俗已被列入国家级非物质文化遗产保护名录。

六、宗教文物

清朝，藏传佛教在蒙古族聚居地区盛行，阿拉善草原亦不例外，自阿拉善第二代王爷阿宝至第四代王爷玛哈巴拉时期，仅在今天的阿拉善地区就建造了30多座寺庙，这100多年的时间成为藏传佛教文化在阿拉善草原传播、发展的鼎盛时期，宗教文化在一定程度上影响和左右了当地历史文化发展的脉络。

在这30多座藏传佛教寺庙中，极具影响力的主要有广宗寺、福因寺、延福寺、昭化寺、承庆寺、宗乘寺（位于现磴口境内）、方等寺、妙华寺8大寺庙，尤以广宗寺、福因寺、延福寺规模最为宏大。其中不乏国家级重点文物保护单位和自治区级重点文物保护单位。

广宗寺俗称南寺，始建于清乾隆二十一年（1756年），乾隆二十五年（1760年）赐名，并赐满藏蒙汉4种文字书写的御笔金匾。广宗寺中供奉着六世达赖仓央嘉措的灵塔，除作为阿拉善最大的寺院聚集了大量珍贵佛像、佛经和宗教文物以及各类佛教艺术品外，其魅力还在于一些难解之谜和动人传说。

福因寺俗称北寺，始建于清仁宗嘉庆九年（1804年），嘉庆十一年（1806年）赐名，并赐满藏蒙汉4种文

带你走进博物馆

铜鎏金绿度母造像

字书写的金匾。福因寺第一任拉隆巴阿旺丹德尔在世界上享有蒙藏语法大师、辞学家、翻译家、宗教哲学家、文学家等美誉。

延福寺为王府家庙，始建于乾隆

七年（1742年），乾隆二十五年（1760年）夏季赐名，并赐满藏蒙汉4种文字书写的金匾。延福寺的殿宇和亭台楼阁雕梁画栋、设计精美，体现出清代蒙汉各族工匠的精湛技艺，可谓藏传佛教建筑的经典之作。

由于岁月消磨、自然环境恶化、战争和经历了特殊的历史时期等原因，这些藏传佛教寺庙大都遭受不同程度的破坏，严重的已成废墟、遗址。落实宗教信仰自由政策以来，对其中很大一部分寺庙进行了维修和重建，使其重新焕发出熠熠光彩，在袅袅青烟和朗朗诵经声中弘扬着博大精深的藏传佛教文化。

1. 铜鎏金绿度母造像：清代。高14.1、底径9.9厘米。红铜胎鎏金。绿度母造像呈坐姿于束腰仰覆式莲花座上，左足卷屈，右足踩踏一枝莲花。高髻束发，头戴宝冠，面部慈祥，柳叶眉，双目微合，高鼻樱嘴，长耳戴饰，穿薄纱，

查玛

颈饰璎珞。右手向外置于右膝上，作施愿印，左手置于胸前，两朵莲花分别在两肩。

2．查玛：近现代。石膏质，共32尊各路神仙形象和6尊鸣号击鼓的喇嘛造像，头部以彩色颜料勾画，着各色绸缎制成的外衣，面目表情、动作形态迥异，有的面目狰狞，有的慈祥和善。"查玛"，藏语意思是凶杀的舞蹈，俗

贴绣人物故事唐卡

称"跳神"，系蒙藏宗教文化交流的产物，于16世纪后半叶随同格鲁派（黄教）喇嘛教传入，是宗教仪式活动中的一种艺术形式，其本意在于襄灾除祸。阿拉善的查玛是由广宗寺活佛罗桑图登嘉措所创立，与西藏以及其他地区的查玛有

绣龙纹紫色查玛服

带你走进博物馆

所不同。

3．贴绣人物故事唐卡：近现代。属供奉之物。长方形，长340.5、宽240.5厘米。手工制作，浅蓝色吉祥团纹缎底上用贴绣、刺绣、盘绣等不同工艺制作而成。深蓝色吉祥图纹缎包边，背面为牡丹花纹棉布。上有23个形态、表情各

异的人物和佛像，主要表现了两个神话传说，一为阿拉善神的传说，一为阿拉善土地由来的传说。

4．绣龙纹紫色查玛服：清代。身长137、两袖通长165、胸围65厘米，重945克。紫色绸底，蓝布里。上以红、黄、白等丝线绣各种纹饰。无领，长袖，右

偏襟。主要纹饰有3层，第一层为襟边，饰一周小龙图案。第二层为肩、胸、腰腹部，分别绣有大小8条龙纹和火焰纹、云纹、宝扇、万寿纹、蝙蝠纹等，胸前正视五爪龙纹最大。第三层为衣下边的斜形海浪波涛纹。

5．镂花鎏银五佛冠：清代。高13.6、长47厘米。镂空铜片分为5个莲瓣连缀而成，每叶中间饰鎏金梵文字，周边镂空吉祥八宝纹和龙纹。

6．嘎巴拉碗：清代。嘎巴拉碗又名"托巴"，高5.8、长13.9、宽6.5厘米。头盖骨做成，又称"内供颅器"，是"修无上瑜伽密部"举行灌顶仪式的法器，为藏传佛教常用法器之一，内绘有四瓣花及梵文。

7．圣水袋：清代。长32.5、宽18.8厘米。圣水袋分为内外两层，内层为铜质容器，外层为棉布外套，盖为铜质雕花件，盖顶部与壶口部有棉质提绳，藏传佛

镂花鎏银五佛冠

嘎巴拉碗

圣水袋

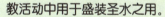
金刚橛

教活动中用于盛装圣水之用。

8. 金刚橛：清代。长42厘米。藏语称"普巴"。金刚橛原是兵器，后被藏传佛教吸收、演变为法器，是去除障难的本尊法器之一。铜质，纹饰分4层，一层为把柄上方装饰的头戴骷髅冠的三面护法神，表现的是忿怒尊形象，护法神头顶逆立的发髻上另饰仰莲座的半个金刚杵；二层为两莲花台座相向，构成把柄；三层为兽头；四层为三棱利刃。

9. 錾花银酥油灯：清代。银质。高16.9、口径12.1、底径7.2厘米。灯盘外围錾刻缠枝花卉纹，盘至底中间形似灯笼，底从上至下分3层纹饰，一、二层为莲花瓣纹，三层缠枝花卉纹，喇叭底内空。酥油灯在藏传佛教信徒心中十分重要，生命的终结如果没有酥油灯的陪伴，灵魂将在黑暗中迷惑。

10. 金刚铃、金刚杵：清代。金刚铃高7.7厘米，金刚杵长9厘米。藏传佛教中一般合用金刚铃和金刚杵，即左手

錾花银酥油灯

金刚铃

金刚杵

持铃，右手持杵，两者比符一阴一阳，互相补充。金刚铃是藏传佛教的一种法器，意思是惊觉尊者。金刚铃杆顶端为半个金刚杵，其下为佛像，肩部饰有八瓣莲花，铃身上的纹饰从上至下一圈水平置金刚杵，一圈饕餮脸，脸上挂有成串的连珠，各饕餮脸中间有法轮、莲花、珠宝等8大菩萨的象征物，再有一圈竖金刚杵纹饰。铃身似钟，下口圆，内悬有铜片铃舌。金刚杵为古印度的一种兵器，后被密宗吸收、演变为法器。佛教中象征着所向无敌、无坚不摧的智

慧。金刚杵中心点的两侧各有3个斜向升的圆圈，圆圈围绕着2个对称的莲花瓣底座，圆圈内有一扁形圆盘，称"月亮圆盘"。

11. 达玛如：清代。藏族、蒙古族棰击膜鸣乐器。高9、直径10.9厘米。藏语又称"达如"或"达日"。蒙古语称"丹不楞儿"或"布楞儿"。汉语称"法鼓"或"拨浪鼓"。流行于西藏、内蒙古自治区藏传佛教寺院中，是密宗修法时常用的法器，用于驱邪仪式。是一种无木柄的小型双面束腰拨浪鼓，由2

12．南寺菩提塔出土佛像：清代。泥质。彩绘泥质坐佛高20、底长15、底宽9.1厘米，描金彩绘泥擦擦高7.2、宽6.1、厚1.1厘米，泥质擦擦高7.4、宽6.2、厚0.9厘米。

2003年7月16日，贺兰山广宗寺（南寺）最古老的藏式双白塔之一的菩提塔在雨中坍塌，出土经书、泥质佛像、佛塔等共2000余件文物。倒塌的菩提塔内放

达玛如

彩绘泥质坐佛

描金彩绘泥擦擦

泥质擦擦

南寺菩提塔出土佛像

置了一些六世达赖喇嘛仓央嘉措生前所用物品。双白塔位于黄楼庙和大经堂西北隅，是南寺现存最古老的建筑，是南寺经"文革"后唯一有幸保存下来的藏式佛塔建筑。

七、岩画、石刻

在欧亚大陆北纬40°～50°间的辽阔地区，曾普遍存在着各种石刻艺术品，岩画、石雕像就是其中的代表。中国北方是世界岩画的重要分布区，阿拉善又是该区域岩画遗存分布最集中、题材最广泛、保存最完好的地区之一。

阿拉善境内的岩画分布范围广泛，贺兰山、曼德拉山、阴山西缘以及其他地区，都可以寻觅到岩画的踪迹，在目前已发现的40余处岩画群中，最具代表性的是曼德拉山与贺兰山岩画。时代跨度由新石器时代一直延续到近代。创作技法主要有凿刻、磨刻、线刻和喷涂（如手印岩画）等。表现的内容有各种动物、狩猎、放牧、符号和文字等。造型古朴、线条简洁疏朗。是研究我国北方地区民族史、美术史、宗教史等方面极为珍贵的资料。

（一）曼德拉山岩画群

岩画具有世界性，是全人类的"原始语言"。新石器时代早期至清晚期，各个不同时期的先民们曾在曼德拉山（曼德拉蒙古语意为"太阳升起"、"兴旺"、"腾飞"）一带生活过，在生产生活过程中，他们在石块上刻画了这些"无言的史书"，见证了游牧民族的悲欢离合，体现了他们的审美情趣，揭示出他们的悠远梦想。

1. 繁衍生息图：曼德拉山的镇山之宝，在同一石块上刻画着2幅不同时代的画。

主体画面以妇女高贵的社会地位为主题，刻画出以一个妇女为核心的家庭。专家认为，这幅岩画创作于距今近万年前的母系氏族公社时代，可以说是全中国乃至世界上历史最久远的家谱。整幅画呈正三角形，三角形的顶端画有一人，旁边站立一个怀孕的妇女，三角形下面是2、3、4个人，表现了

繁衍生息图

一个家族的发展。从这幅岩画来看，岩画内容由单纯的动物凿刻发展到人类生活的反映，由最初的无序记录到后来的理性记载，已经有了质的改变，这充分说明岩画创作已不再是闲暇时的消遣，而是成了游牧民族生活的一部分，在文字没有出现以前，人们就是用这种方式来记录着生活。

旁边的一部分帐篷（帐幕）村落岩画，内容揭示了内蒙古西部一带在历史上的一个事实：大约在青铜时代或更早一些时候，当地居民搬进了人工搭建的帐幕中，居住条件的变化，反映了他们已从狩猎业转向畜牧业。岩画描绘了由18座帐篷组成的村落，正中一座最大，其左、右各分上下层排列，布局井然有序、主次分明，正中的大帐是村子的主体建筑，应是氏族或部落酋长的住房，

带你走进博物馆

或是氏族首领召开会议的地方。画面中帐幕的造型与现在蒙古人居住的蒙古包极为相似，因此也可以把这些帐幕称为蒙古包的鼻祖。

帐幕左侧画面（据鉴定是唐代创作）内容表现的是马匹往来、鹿群和骑者，所以该岩画又叫"骑者与村落"，说明当时这个地方山清水秀，也印证了蒙古族逐水草而居的独特的居住方式。显现出一派人畜两旺的繁荣景象。

2. 狩猎图：原始社会时期，动物是

狩猎图

人类赖以生存的衣食之源，许多民族都有崇拜动物的习俗。因为曼德拉山地区曾是我国北方少数民族游牧驻猎、生息繁衍的场所，所以岩画中大篇幅都是反映各种动物和狩猎场景。狩猎图中所表现的动物形象，既是被猎杀的对象，又是受敬畏的对象。

画面生动传神，所表现的是1只山羊正处于非常危险的境地，2个猎人分工协作，相互配合，一前一后正拉弓搭箭对准了它。山羊明显地处于猎人射程之内，但似乎毫无察觉仍悠闲自在。

3. 骑者与北山羊图：纵44、横30厘米。这是一幅放牧图，在原始社会，北山羊虽是人们捕获的对象，但在漫长的狩猎活动中，当人们捕获的猎物越来越多，且暂时不缺乏食物的情况

骑者与北山羊图

猎鹿图

下，他们就将这些捕获的动物圈养起来，以备日后食用。在圈养过程中人们发现，被圈养的动物逐渐改变了野生习性，变得较为温顺，而且还可以繁殖。从此人们便开始了家养牲畜的实践。

4．猎鹿图：鹿自古以来就是人们热爱和平、追求美好生活的象征。在阿拉善地区，岩画中表现鹿科动物的图案非常多，数量仅次于马和羊。画面中鹿的形象有梅花鹿、麋鹿、大角鹿、白唇鹿等，通常都对鹿角做了比较夸张的修饰，也许对于当时的人们来说，庞大的鹿角是攻击性很强的武器，如此夸张的

角，既是一种写实的刻画，也是在体现对力量的渴望。

（二）贺兰山及其周边岩画

1．人面像：阿拉善左旗巴音诺尔公苏木查干敖包嘎查岩画。纵24、横21厘米。主要内容为神秘莫测的人面像。人

人面像

带你走进博物馆

面像是我国岩画中出现最早的题材之一，大约于新石器时代产生。这一地区岩画中的人面像虽然形态各异、无一雷同，但他们都有一个共同的特征，就是都有一个人的面孔轮廓。这些人面像与宁夏境内的贺兰口人面像岩画风格基本一致。

2. 符号：阿拉善左旗巴音诺尔公苏木查干敖包嘎查岩画。纵24、横21厘米。符号岩画在贺兰山岩画中大量存在，它们被认为是自然天体的写照，反映了远古时代人们对太阳、月亮以及闪烁星光的崇拜情结。日月星辰在古人类

的心中不但有灵魂，而且具有非凡的力量。为求福避祸，为讨好各路神灵，于是产生了名目繁多的祭祀活动，先民们期盼通过祭祀活动与神灵和日月星辰达成沟通。

3. 北山羊图：阿拉善左旗巴音诺尔公苏木查干敖包嘎查岩画。纵44、横30厘米。贺兰山岩画以羊作为主题的画幅众多，这与生活在这一带先民的生产生活方式密切相关。早在商代，羊就被视为吉祥的化身。自晚唐后，羌族人曾在相当漫长的一段时间里游牧于贺兰山下，羌族人把羊视为图腾，它们崇拜着

符号

北山羊图

羊神，从而，羊的图案大量出现在了这一时期的岩画之中。

（三）游牧民族的石刻作品——石雕艺术

在游牧民族的意识形态里，石头往往被赋予了神奇的灵性，因此，产生了被学术界统称为"草原石人"的石雕像。"草原石人"曾广泛分布于欧亚大陆的草原地带，它们既有对祖先崇拜的含义，也有对来世的寄托，更有对子孙兴旺的期盼。这些珍贵、古老的艺术品为探寻游牧文明、解读游牧民族的原始信仰提供了珍贵的实物资料。

在阿拉善博物馆的藏品中，"草原石人雕像"极具特色，这些艺术品雕刻手法简洁，形象古拙质朴，姿态各异、生动传神。经鉴定，这些石雕艺术品属匈奴、回纥、突厥和北元时期的遗存，很可能是用于宗教祭祀或陪葬的物品。

带你走进博物馆

游牧民族的石刻作品

八、古生物化石

距今约13700～6500万年前的中生代白垩纪时期，阿拉善地区气候炎热湿润，植物茂盛，这里栖息着额勒斯台懒龙、鳄龙动物群、原巴克龙、阿拉善龙和吉兰泰龙，它们成为这里的莽原霸主，缔造了一个千姿百态的恐龙王国。阿拉善左旗的大水沟和图克木、额济纳旗的马鬃山等地是著名的白垩纪恐龙化石产地，为中外古生物学界所瞩目。

1．戈壁原巴克龙（甲龙）、原巴克龙及吉兰泰龙：戈壁原巴克龙（甲龙）高136、身长507厘米，原巴克龙高244、身长517厘米，吉兰泰龙高154、身长383厘米。

2．恐龙蛋化石：周长43厘米。灰色，圆形。恐龙蛋化石属珍贵的古生物化石，最早于1869年在法国南部普罗旺斯的白垩纪地层中发现。恐龙蛋化石大小悬殊，小的与鸭蛋相仿，直径不足10厘米，大者直径超50厘米，外表光滑，

原巴克龙

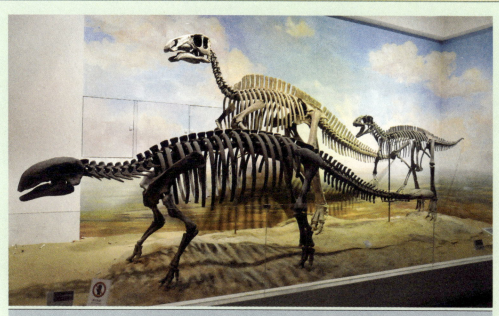

艾壁原巴克龙、原巴克龙及吉兰泰龙

带你走进博物馆

或具点线纹理。

　　3．巨鬣狗化石：高129、身长237厘米。巨鬣狗生活在中新世晚期到上新世早期，样貌虽似狗，但不属犬科，与猫科有一定的关系。目前，它们的化石仅现于欧亚大陆及北非。在我国的山西、陕西、宁夏、河北等省区都发现过相当丰富的巨鬣狗类动物的化石和遗迹。最近，在甘肃省和政地区发现的巨鬣狗化石更被业界格外关注。

恐龙蛋化石

巨鬣狗化石

库斑猪化石

4．库斑猪化石：高185、身长248厘米。是一种大型长角的猪，生存在距今2000～1000万年间中世纪的欧亚大陆。它们的头部很特别，眼睛上方有角，雄性的角相对更大。

带你走进博物馆

九、动植物标本

阿拉善左旗野生动植物种类繁多。在阿拉善左旗8万多平方千米的土地上有黄羊、野驴、马鹿、梅花鹿、岩羊、盘羊、旱獭、白天鹅、獐、黑斑蛙、中国林蛙、灰鹤、蓝马鸡、秃鹫等珍奇野生动物和云杉、油松、山杨、珍珠、梭梭、麻黄、柠条、沙冬青、霸五、枸杞、沙芥、沙葱、苁蓉、甘草、麻黄、

锁阳、紫蘑菇、发菜等690多种野生植物。贺兰山有原始森林、芬芳的花草，山壁陡峭，气势雄伟。这里有马鹿、香獐、麝、黑鹳、蓝马鸡等18种国家重点保护动物和山鸡、岩羊、黄羊、狐狸等100余种其他野生动物，时常出没于林间溪头，全然是一座天然动物园。

1. 雪豹：高58、身长105、尾长80厘米。雪豹是一种美丽而濒危的猫科动物，已被列入国际濒危野生动物红皮

雪豹

带你走进博物馆

书。因其终年生活在雪线附近、皮毛雪白而得名，又名草豹、艾叶豹。头小而圆，尾粗长、略短或等于体长，成年雪豹体重可达80千克。雪豹是高原地区的岩栖性动物，常出没于海拔2500～5000米的高山，夏季可在3000～6000米的高山上见到，冬季多随食物的迁徙而下降至2000～3500米。雪豹尾毛长而柔，骨与皮的价格昂贵，人类肆意捕杀导致数量急剧下降，目前雪豹数量最多的国家是哈萨克斯坦。

2．骆驼：阿拉善双峰驼是荒漠地区特有的畜种资源，经过长期的选育，已成为独具特色的地方良种，具有适应性强、耐干旱、耐风沙、耐酷暑严寒、耐粗饲料等特点，能够充分利用其他家畜所不能利用的荒漠草场，特别是对一些高大灌木、半灌木、盐碱性植物等劣质饲料的食用，具有其他畜种无可比拟的特性。

骆驼有着十二属相特点：鼠耳牛脊，虎爪兔嘴，龙颈蛇眼，马胸羊毛，猴峰鸡冠，狗腿猪尾等。

1990年其被内蒙古自治区人民政府命名为"阿拉善双峰驼"，并被列入国家品种资源保护名录。特别是国家把双

骆 驼

峰驼列为国家级保护畜种目录，提出重点保护。其中濒危的珍稀驼种——白骆驼已引起"国家畜禽牧草种质资源保存利用中心"的高度重视。现在阿拉善骆驼产业恢复，双峰驼数量突破10万峰。

3.岩羊：岩羊又叫青羊、崖羊、石羊等，形态介于绵羊与山羊之间，外貌也确实兼有这两类羊的一些特征。就体形而言，岩羊很像绵羊，不过它的角不盘旋，近似山羊，但雄兽的下颌又没有胡须，也没有膻味。它的体形中等，体长120～140、尾长13～20、肩高70～90厘米，体重60～75千克。头部长而狭，耳朵短小。通身青灰色，吻部和颜面部为灰白色与黑色相混，胸部为黑褐色，向下延伸到前肢的前面转为明显的黑纹，直达蹄部。岩羊栖息于海拔2500～5000米的无林山地。

带你走进博物馆

岩羊

马 鹿

4.马鹿：马鹿是仅次于驼鹿的大型鹿类，因为体形似骏马而得名，体长160～250、尾长12～15、肩高约150厘米，体重一般为150～250千克，雌兽比雄兽要小一些。夏毛较短，没有绒毛，一般为赤褐色，背部较深，腹部较浅，故有"赤鹿"之称。马鹿属于北方森林草原型动物，但由于分布范围较大，栖

息环境也极为多样。由于产地不同，马鹿的形态有一些差异，全世界共分化为23个亚种，其中生活于北美洲的北美亚种又叫北美马鹿，体形最大，有的个体体重超过400千克。中国的马鹿大约有7～9个亚种，而且大多是中国的特产亚种。阿拉善地区的马鹿称为阿拉善亚种，分布在贺兰山。

5.盘羊：盘羊又叫大头羊、大角羊，是一种生活在中亚高原上的野生羊，也是体型最大的一种绵羊。盘羊躯体粗壮，体长150～180、肩高50～70厘米，体重110千克左右。头大颈粗，尾短小。四肢粗短，蹄的前面特别陡直，适于攀爬于岩石间。根据分布地区的不同，可分为9个亚种，分布于贺兰山的称为华北亚种。

6.阿拉善独行菜：一年或二年生草

盘羊

本，高4～12厘米。茎直立或外倾，多分
枝，有疏生棒状腺毛。基生叶呈线形或
宽线形，长1～3.5、宽0.1～0.2厘米，
全缘，干时边缘内卷，上面疏生腺毛，
下面无毛；叶柄和叶片无明显界限，有
腺毛；茎生叶和基生叶形状相似，但较
短，无柄。总状花序顶生，果长约3.5
厘米；花小，直径约0.1厘米；萼片绿
色，椭圆形，长约0.15、宽0.05～0.1
厘米，边缘白色膜质，外面疏生柔毛；
无花瓣，雄蕊6枚。短角果呈卵形，长

阿拉善独行菜

0.25～0.3、宽0.15～0.2厘米，扁平，一面稍凸，有1中脉，顶端微缺，具不明显的窄边，近无花柱；果梗细，长0.3～0.4厘米，具棒状腺毛。种子长圆形，长约0.15厘米，棕色。花果期6～8月，生长在低山干旱丘陵山坡地带。

7. 阿拉善黄耆：豆科。产于贺兰山、内蒙古自治区卓子山，生长在海拔2000米的山坡，多年生草本。茎多数，细弱，常匍匐，长8～20厘米，被白色短伏贴柔毛。羽状复叶有11～15片小叶，长2～5厘米，具短柄；托叶离生，膜质，三角状卵形，长0.2～0.3厘米，先端尖，下面散生白色柔毛；小叶呈卵形或倒卵形，稍肥厚，长0.3～0.7、宽0.2～0.5厘米，先端钝圆或微凹，基部呈宽楔形或近圆形，上面无毛或近无毛，下面被白色短伏贴柔毛。

8. 阿拉善风毛菊：分布于我国内蒙古自治区（贺兰山），蒙古国也有分布。多年生草本，高20～30厘米。根茎

阿拉善黄耆

短，茎单生，直立，有棱，被稀疏蛛丝状毛，常带紫红色。基生叶及下部茎叶呈椭圆形或卵状椭圆形，长2.5～13、宽1.5～5厘米。顶端渐尖，基部呈宽楔形或几圆形，边缘有尖锯齿，有长叶柄；中部茎叶逐渐变小，有短叶柄；上部茎叶呈披针形或椭圆状披针形，无柄。全

部叶两面异色，上面绿色，无毛；下面灰白色，被稠密的白色绒毛。头状花序1～3个，在茎顶密集排列成伞房花序，花序梗极粗短，被蛛丝状毛。总苞钟状，直径1～1.2厘米；总苞片4～5层，暗紫色，被长柔毛，外层呈卵形或卵状披针形，顶端长渐尖；内层线形，顶端长渐尖。小花紫红色，长1.2～1.5厘米，细管部长0.6、檐部长0.6～0.9厘米。瘦果呈圆柱状，黑褐色，长0.4厘米。冠毛2层，白色，外层短，糙毛状，长0.2～0.3厘米；内层长，羽毛状，长1.2厘米。花果期7～9月，生长于山坡灌丛或岩石缝隙中。

阿拉善风毛菊

展览陈列

一、概　述

阿拉善博物馆展厅面积4000平方米，共设有"瀚海流觞"、"驼乡神韵"、"游牧史刻"、"秘境藏珍"4个基本陈列展厅和1个临时展厅，展厅陈列文物、标本、图片、模型、照片10000余件（幅）。全面反映了阿拉善的历史文化、民族民俗和生态变迁。

展览陈列厅拥有宽阔、多变的立体化空间，可满足多样化的展陈需要，并充分运用现代化数字、声、光、电、多媒体等展陈技术作为辅助方式，在展厅设置多个演示播放系统、多媒体查询系统，形成互补的展陈方式，向观众提供更多的影像资料和专业知识，增强了展览效果。

阿拉善博物馆除基本陈列外，还根据观众的文化需求，引入各类富有特色的临时展览，并不定期举办非物质文化遗产、摄影、美术、书画、个人收藏等不同类型的展览，大大丰富了群众的文化生活，拓宽了大众视野，为部分艺术人才提供了自我展示的平台。当然，阿拉善博物馆不仅要"迎进来"还会"走出去"，如在桂林举办了"驼文化展"，与兄弟馆进行馆际交流，通过内容丰富、形式多样的文化交流展览方式，有效地提升了阿拉善民族文化的对外影响力及阿拉善的知名度。

二、基本陈列

第一展厅　瀚海流觞——阿拉善通史陈列展

阿拉善通史陈列展陈列有石器时代及汉、宋、元、明、清、民国时期的

通史展厅大型浮雕

600多件历史文物。通过"先民足迹"、"属国居延"、"黑城兴衰"、"逐梦东方"4个单元详细介绍了阿拉善草原悠久的历史和民族解放进程，久远的农耕文化、游牧文化、绿洲文化、边塞文化、宗教文化与现代文明相映生辉，谱写了浓墨重彩的阿拉善历史华章，为国内外参观者揭开了阿拉善神秘的面纱。

下面，就让我们进入展厅，共同见证阿拉善人民辛勤劳作、生活的足迹，探索阿拉善的根。

进入展厅，首先映入眼帘的是一幅大型背景浮雕，描述了闻名世界的张骞出使、王维吟诗的故事及居延汉简、黑城文书、定远营、塔王府等阿拉善知名的文物及遗址，简洁明了地向观众展现了阿拉善的历史进程，是阿拉善历史的一个缩影。

第一单元——先民足迹

讲述了先秦时代的阿拉善。在旧石器时代，阿拉善就已经有人类生活。距今6000～4000年前的新石器时代晚期，阿拉善地区水草丰美，动物成群，人类活动频繁。在阿拉善出土的新石器时代晚期的一些农业生产工具，如：穿孔石器、石锛、石磨盘、石磨棒等器具证实了这一历史事实，表明当时的阿拉善已经由狩猎文化开始向农耕文化转变。

人们在发展农业的同时，并没有放弃狩猎与采集业的发展。新石器时代晚期的阿拉善高原是狩猎文化和采集文化相当发达的地区，出现了细石器，人类已经学会制作精美的石镞、石叶和石矛等工具。苏宏图细石器加工场为我们揭示的就是10000～4000年前人类加工制作这些工具的场景。公元前21世纪，进入青铜时代，生活在阿拉善地区的人类也已经开始使用青铜器。

第二单元——居延属国

展现的是2000多年前汉至隋唐时期

苏宏图细石器加工场景

屯戍居延

的阿拉善。这一时期的阿拉善是奠定基础进而走向空前发展的时期。西汉建立之初，国力贫弱，面对强大的匈奴只能采取和亲政策，到了汉武帝时期，国力强盛，汉王朝便对匈奴发动了多次反击。

公元前121年霍去病大败匈奴、收复河西，汉武帝为保卫河西走廊的安全，开始大规模开发营建居延。公元前102年，汉武帝派遣戍边甲卒18万人，在酒泉、张掖北置居延、休屠（今甘肃省武威地区附近）二都尉府，于同年筑居延城。为了解决戍边将士的粮食问题，汉王朝还在居延地区进行了大规模的屯田活动。

在额济纳河两岸保留着居延、肩水两都尉所辖城、障、烽、燧、塞墙等遗址160余处，发现了居延汉简。它与殷墟甲骨文、敦煌藏经洞文书和故宫明清档案被誉为20世纪考古学上的"四大发现"。

汉代的殉葬习俗已由人殉代之为物殉，陪葬品都是模拟了主人生前使用过的器具而制造，有陶井、陶房、陶仓、陶

陪葬品

灶等，它们形象生动地为我们展示了阿拉善地区汉代先民们生前真实的生产生活景象，表现出一种高度的文明。

唐代在居延地区设"宁寇军"，建宁寇军城，统领居延军务，在与突厥的战争中发挥了重要作用。"安史之乱"时，河西走廊被吐蕃切断，居延地区成为长安通往西域的"草原丝绸北道"。

第三单元——黑城兴衰

展现的是距今970多年前西夏、元时期的阿拉善。1038年，党项人李元昊在今天宁夏回族自治区银川一带建立了西夏政权，设12个监军司，在居延地区设置的"黑水镇燕军司"，其所在地就是现在的额济纳旗黑城。

黑城位于干涸的额济纳河（黑河）下游北岸的荒漠上，是"草原丝绸之路"上现存最完整、规模最宏大的古城遗址之一。

元统一中国后，在居延设立"亦

集乃路总管府"，统领军政事务。明洪武五年（1372年），大将冯胜率军攻克亦集乃后居民内徙。明王朝以贺兰山为界，修筑长城，贺兰山以西为漠北鞑靼所据成为边外地，这和当时海上丝绸之路的兴起有着密切的关系。由于海上丝绸之路的畅通，原有的陆上丝绸之路就慢慢的衰落了，所以居延地区成为了边外地。

黑城模型

第四单元——逐梦东方

讲述了清至和平解放时期的阿拉善。

明末清初，卫拉特蒙古中的准噶尔部逐渐强大，迫使和硕特部以及其他部落外迁，和硕特部在顾实汗的带领下，一路进入青海、西藏，建立了政教合一的汗王政权，统治青海、西藏长达80年之久。

明朝后，和硕特部成吉思汗的胞弟哈巴图哈萨尔的后裔黄金家族的成员，离开他们世代生息的东部大草原，迁徙至今天的新疆天山南北一带。1677年，生活在新疆乌鲁木齐一带的和硕特部的一支，为避准噶尔，在顾实汗之孙和罗里的带领下移牧于甘、凉州边外，向清廷

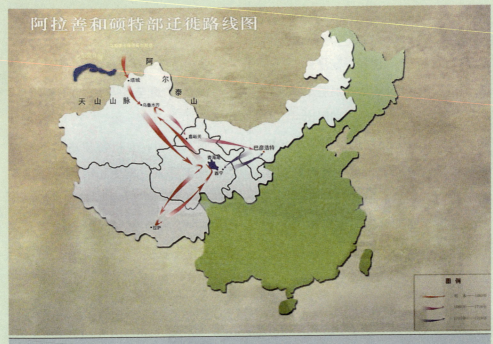

阿拉善和硕特部迁徙路线图

寻求保护，几经波折，清廷于1697年授予和罗里札萨克印，设阿拉善旗直属理藩院管辖。

阿拉善和硕特旗历九代十王，因其在清王朝建立统一国家的过程中功勋卓著，从第三代王爷罗卜藏多尔济起被册封为亲王，后世袭罔替，在卫拉特蒙古中独享殊荣。

小知识：

阿拉善和硕特旗政治、经济、文化中心——定远营

定远营是今巴彦浩特的旧称，位于今阿拉善左旗巴彦浩特镇旧城区，是今巴彦浩特镇发展的起点，也是巴彦浩特镇及内蒙古自治区西部最具传统特色风貌、保存历史文化遗产最为集中、文物资源最为丰富的古城之一。

清雍正四年（1726年）岳钟琪奏请修建定远营城，于雍正八年（1730年）营造，初时只筑一圈城墙，内设蒙古包。雍正九年（1731年），定远营赏给阿拉善和硕特旗札萨克多罗郡王阿宝后开始了大规模营建，自此起，城垣、城门、王府、家庙（延福寺）、民居、街道等逐步俱全，这时的定远营在某种意义上才真正成为阿拉善和硕特旗的政治、经济、文化中心。定远营自清代置旗至1949年和平解放，共历经252年，在这期间，它默默见证了阿拉善和硕特旗的发展历史，积淀、蕴涵了极其丰富的文化信息。

民间传说，在阿宝王爷的梦境中，圣祖成吉思汗曾经驾临，先祖的脚下静卧着一头野牛，为定城神牛，以说明王府移建定远营已是天意。因此，阿宝王爷在修整城郭的时候，特意在东城墙段，朝外修建了一截形似牛尾巴的城墙，使定远营成了名副其实的"卧牛城"。

乾隆四年（1739年），阿宝王爷

去世，次子罗卜藏多尔济袭札萨克多罗贝勒职。后因其率领阿拉善官兵随清军远征新疆、西藏、青海平叛有功，建立殊勋，被晋升为郡王，1782年乾隆帝诏命其为亲王，并"世袭罔替"。同时，为了表彰其卓越的功勋，乾隆皇帝还下旨将罗卜藏多尔济画像置于紫光阁，至此，阿拉善和硕特部的政治地位发展到鼎盛。罗卜藏多尔济王爷也开始大规模修建定远营，后经历代王爷的陆续修建，使定远营日益坚固而繁盛。200多年来，先后有12位清皇室格格下嫁阿拉善王爷，她们带来的京城文化给定远营留下了深深的印痕。

定远营内的阿拉善王府是核心区域，建筑群布局中轴对称，分左、中、右三路，突出了中路等级，这完全依照《大清会典》郡王府规制（府门3间、正厅（迎恩堂）5间为律）建造，此制一直延续，即使晋升亲王后也再未按亲王等级（府门5间、正厅7间）改建。王府主体由正、西、东府组成，各府均为3进或2进的四合院，共计500余间房屋，多为大木硬山或木卷棚硬山式建筑，少数为平顶建筑，饰斗栱、雕砖、彩绘、吻兽等，古雅精致且不失庄重。定远营内的王府、寺院，结构和风格都仿照北京宫殿风格，民居大都是独门独户的小四合

院。总之，各种建筑都是典型的京式建筑风格，因此定远营被称作"塞外小北京"。随着时间的推移，东路建筑在民国时期又加以修缮，在传统建筑结构基础上吸收了西洋建筑的风格，从而形成了中西合璧的建筑形式。2006年5月，定远营古城被国务院公布为国家级重点

定远营

达理札雅生平简介及照片、生活用品展柜

文物保护单位。

近代中国，清室衰微、军阀割据、列强涌入，政治风云变幻莫测。在纷繁复杂的政治变局中，1932年，阿拉善末代王爷达理札雅继承王位，在经历马鸿逵兵戎相见、国民党政府8年软禁的政治变故后，他努力寻求政治发展空间，推动地方社会经济发展。

1949年9月23日，达理札雅、罗巴图孟柯通电中国人民解放军，宣布起义，阿拉善旗和平解放，9月27日额济纳旗和平解放。解放后定远营更名为巴彦浩特，一直沿用至今。

土尔扈特

土尔扈特史称"旧土尔扈特"，为"卫拉特四部"中土尔扈特的一支。

17世纪30年代，土尔扈特部首领和鄂尔勒克率部众在伏尔加河下游建立封建汗国。康熙三十七年（1698年），和鄂尔勒克的五世孙阿拉布珠尔受堂叔父阿玉奇汗之托，陪同母亲及其妹率500官兵和部分属众，从伏尔加河赴西藏朝圣，5年后返回，被准噶尔部所阻。康熙四十三年（1704年），获准驻牧于嘉峪关外的党河、色尔腾一带（今甘肃省肃北蒙古族自治县境内），阿拉布珠尔被封为固山贝子。后因屡受准噶尔部威胁呈请内迁，于雍正九年（1731年）获准以额济纳河流域为牧地。乾隆十八年（1753年），始设额济纳旧土尔扈特旗。

第二展厅　驼乡神韵——阿拉善民族民俗展

　　阿拉善大漠驼乡，地域辽阔，风情无限。这里是蒙、汉、回、满、藏等各族人民世代生息的热土，也是和硕特、土尔扈特及喀尔喀、科布尔蒙古族神圣的家园。本展厅通过对阿拉善蒙古族的生活、生产习俗等5个部分的展示，为大家介绍独具特色的阿拉善蒙古族民族民俗文化，充分彰显阿拉善蒙古民族文化的血脉和根基，宣示着古老阿拉善那无限的神韵和不朽的民族精神。

第一单元——阿拉善蒙古族的生活、生产习俗

　　在长期的生产生活实践中，阿拉善蒙古族形成了一系列适应自然、表现智慧的生产习俗。阿拉善蒙古族热爱生活、崇尚礼仪，在衣、食、住、行、用和风俗习惯等方面既秉承传统又融会创新，形成了浓郁的地方民族特色。这些异彩纷呈的蒙古族民俗文化，使古老的驼乡流溢着无限的神韵。

　　衣：阿拉善蒙古族在长期的游牧生活中创造出极富特色的民族服饰，并因其历史悠久和风格独特而自成一派，是蒙古族服饰文化中重要的一支。和硕特男子身着左右下摆开衩的蒙古袍，腰间束绸带，外套坎肩，腰带左侧系一

特色民族服饰

绣花褡裢,内装鼻烟壶等珍贵物品,手指上戴金、银、铜制戒指,年岁长者脖子上戴一串经珠。妇女的打扮既华丽又整洁,她们身着不开衩的蒙古袍。已婚妇女上身套开襟坎肩;未婚妇女不穿坎肩,系腰带。妇女的头饰很有讲究,头蓄两条长发辫,装入发套,分垂两侧,从坎肩的袖笼里塞进,下面露出,耳悬金、银环,手腕戴银镯,指上戴戒指。

食:阿拉善蒙古族主要饮食分为肉食、乳食和粮食3类。肉食主要有手抓肉、羊背子、烤全羊等。日常生活中以手抓肉和肉饭居多,羊背子、烤全羊主要用于婚喜宴庆及招待尊贵客人。奶制品种类较多,有奶皮子、白油、酥油、奶酪、酸奶等。阿拉善蒙古族也好饮茶,尤其喜欢奶茶,但不喜细茶,只饮砖茶,大锅大壶煮,茶要酽,盐要重。因受汉、满等民族的饮食文化影响,阿拉善蒙古族的饮食习俗在保持自身特点的同时,多元一体,体现了一种文化包容性。

住:蒙古族的传统住房以蒙古包为

带你走进博物馆

阿拉善烤全羊场景

主，蒙古包整体框架都是木质的，由4部分组成，分别是陶脑、乌尼、哈那、乌德。陶脑就是蒙古包的屋顶，哈那就是蒙古包的墙，乌尼就是支撑天窗与墙的木棍，而乌德就是蒙古包的门。

行：蒙古族出行主要以驼运、骑马和勒勒车为主。"勒勒"是牧人赶车吆喝牲口的声音，"勒勒车"因此而得名。特点是车轮大车身小，结构简单，

蒙古包

使用很方便。

　　用：蒙古族的游牧生活使他们需要经常迁徙和在马背上驰骋颠簸，所以蒙古人喜欢用一些经久耐用的骑乘用具、饮食用具（木碗、银碗、紫铜托壶、铜茶壶、铜奶桶等）、阿拉善仿古地毯和特殊的配饰（蒙古刀、鼻烟壶、辫套、针线包、烟袋、碗袋）等生活用品。

　　蒙古族骑乘用具的制作是木工、皮毛、金属甚至刺绣等多种工艺的综合，其中最具代表性的是驼具、马具及仿古地毯的制作。

　　驼具的制作往往因地制宜、就地取材，手法简易，完全依靠手工完成，凭经验传承。其中的驮架主要作用是驮运东西时保护骆驼背和固定东西。

　　阿拉善仿古地毯制作工艺源远流长，至今已有270多年的历史，是我国传统地毯工艺五大路系之一。图案传承了阿拉伯和京式宫廷地毯的传统技艺，做工也沿用了民间数千年的选、染、平、剪、洗等工艺，被人们尊称为仿古地毯的鼻祖，已被列入国家级第二批非物质文化遗产保护名录。

　　在蒙古族中，制作精美的蒙古刀和象牙筷都是男

驼具制作

仿古地毯制作

　　子的配饰，佩戴在男子身体的右侧；左侧则佩戴鼻烟壶，装在漂亮的绸缎鼻烟壶袋中。递鼻烟壶是蒙古族的古老习俗，也是蒙古族牧民们最常见的相见礼。早期日常生活中，阿拉善蒙古族常用的织品有辫套、针线包、烟袋、碗袋和鼻烟壶袋等。

　　习俗：蒙古族人从来到世上就要参与很多宴席，其中最典型的就是去发宴、婚礼宴和葬礼宴，号称"人生三宴"。

　　其中的去发宴（剪发礼）就是孩子长到3岁时，邀请亲戚朋友参加，为子女剪下头发。这种礼仪是庄重的，是承认被剪发者为社会成员的标志，包含有祝福之意。

　　蒙古族的狩猎习俗可以追溯到远古时代。可以说，以前的蒙古族先民们都是以狩猎为主要生存方式，据记载，蒙古族狩猎先民们都是以"林中百姓"或"林中猎人"之称而载入史册的。

去发宴场景

胡杨人家

带你走进博物馆

带你走进博物馆

第二单元——阿拉善蒙古族的游艺竞技和节庆

阿拉善蒙古族热情豪放，崇尚竞技，传统节庆活动内容丰富。那达慕大会就是阿拉善蒙古族传统的盛大节庆之一。赛马、射箭和摔跤被誉为那达慕大会上的男儿三艺。

阿拉善赛马活动历史悠久，从康熙年间阿拉善和硕特首领和罗里被封多罗贝勒时起，就将赛马列为乌日斯那达慕大会的主要竞赛项目。

沙力搏尔式摔跤是卫拉特蒙古族独创并保留至今的一项民族传统体育运动项目，在阿拉善是乌日斯那达慕盛会中

沙力搏尔式摔跤展柜

体育比赛的主要项目之一。"沙力搏尔式"一词从蒙古语"沙拉巴"（迅速之意）、"沙拉玛盖"（敏捷的）派生而来，经过长期语音译化演变为"沙力搏尔"。沙力搏尔式摔跤技艺中的砍铲、膝折、抓领等动作，是模仿公驼争斗动作而命名的。2008年6月入选国务院批准文化部确定的第二批国家级非物质文化遗产名录。

蒙古族传统的游艺项目有鹿棋、蒙古象棋、沙嘎、九连环等。

蒙古象棋是蒙古民族千年传承的文化瑰宝。蒙古语称"夏特尔"。棋盘是由交替排列的64个小方格组成，与国际象棋的棋盘一模一样，形式和走法大体接近国际象棋，可以说与国际象棋同出一源。

第三单元——阿拉善蒙古族的音乐艺术和医药

广袤无垠的草原赋予阿拉善儿女能歌善舞的才能以及弹奏各式精美的民族传统乐器的技艺，如二胡、四胡、三弦、笛、古筝，还有马头琴和陶布秀尔等。

马头琴又叫做"胡琴"、"马尾胡琴"等。因为琴杆上端雕着马头，所以得名马头琴。

陶布秀尔的外形类似于马头琴，琴头有羊头、骆驼头、马头等，琴声独特，经常与呼麦相互配合，形成优美的

马头琴

陶布秀尔

旋律。呼麦是一种"喉音"艺术，运用特殊的声音技巧，一个人同时可以唱出两种声音。

以前生活在内蒙古地区的人们，因为地域的辽阔，互相喊话的时候会放开嗓音并拉长声音，随着时间的积累就形成了长调民歌。阿拉善长调民歌传承了蒙古族长调所蕴含的古老艺术和民族文化，已经被列入国家第一批非物质文化遗产保护名录。

萨吾尔登舞蹈场景

萨吾尔登舞蹈是土尔扈特部独创的艺术，也是阿拉善历史发展中一颗被遗失的珍珠。它的演绎形式独特，常以陶布秀尔伴奏。表演者双手五指并拢，全身扭动，形成独特的舞蹈表演方式。

阿拉善蒙古族医药吸收了藏医、汉医及印度医学理论的精华，形成具有民族地域特色和医学理论的临床特点。这些珍贵的文化遗产，承载了民族文化的智慧基因，堪称民族瑰宝。蒙医药是与佛教一同传入阿拉善的，已经有300多年的历史，它与喇嘛教的盛行也是分不开的，西藏医学的传入和本地传统医药相结合，形成了具有地区特色的阿拉善蒙医药学，蕴藏了印度和西藏医学经典。阿拉善蒙医药对坐骨神经痛、高血压、半身不遂、皮肤病、胃病等均有特殊疗效，远近慕名寻诊的患者络绎不绝。当然，游牧民族以蓄养牲畜为主，也很注重兽医学的研究。

第四单元——阿拉善蒙古族的信仰与宗教文化

阿拉善是一个多民族聚居地，喇嘛教与阿拉善素有渊源。18世纪藏传佛教在阿拉善地区开始传播，并对这里的历史、文化产生了很重要的影响，也形成了阿拉善地区独特的佛教文化。随着藏传佛教文化在阿拉善地区的传播和发展，查玛、唐卡、酥油花在阿拉善广为流传。

查玛是蒙古族喇嘛教寺庙舞蹈的名称，是随着藏传佛教的传入，吸收融合萨满教的跳神及民间舞蹈形式，形成具有蒙古族特色、融蒙藏舞蹈文化为一体的宗教舞蹈形式。

唐卡题材丰富，有取材于社会历史和生活习俗的历史画和风俗画，也有反映天文历法和医药的科学唐卡。据史作画、以画言史是唐卡的一个显著特点。唐卡是前人留下来的历史遗产，是研究古代绘画艺术的宝贵资料。

在阿拉善民间流传的传统祭祀活动是祭敖包。敖包，蒙语意为"堆子"，通常设在高山或丘陵上，由石块垒砌，上挂树枝，四面放着烧柏香的垫石，供有整羊、马奶酒、黄油和奶酪等。祭敖包时，由喇嘛焚香点火、颂词念经，农牧民围着敖包从左向右转3圈，祈求风调雨

带你走进博物馆

唐　卡

祭敖包

顺、四季平安、人旺年丰。

第三展厅　游牧史刻——阿拉善石刻艺术展

阿拉善境内岩画主要分布在贺兰山、曼德拉山及其周边地区，时代跨度从新石器时代一直延续到近代。岩画的创作技法有凿刻、磨刻和线刻等。内容以各种动物居多，还有狩猎、放牧、图案和文字等，造型古拙质朴、线条简洁疏朗，是研究我国北方地区民族史、美术史、宗教史等方面极为珍贵的资料。石刻艺术展厅分岩画展区、石雕艺术品展区和多媒体放映厅以及手印岩画体验区三部分。

第一单元——岩画展区

展区有题材广泛、保存完好、最具代表性的曼德拉岩画和贺兰山岩画100多幅，再现了匈奴、鲜卑、突厥、回鹘、

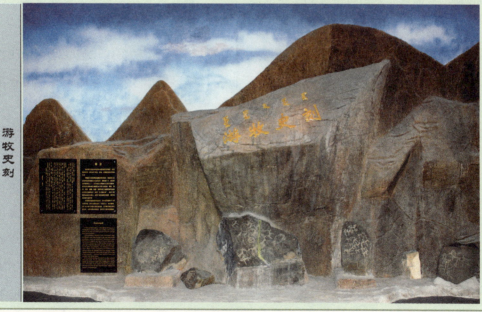

游牧史刻

石　雕

吐蕃、党项等北方游牧民族的生活场景和审美情趣，其中最具代表性的有狩猎图、繁衍生息图、舞者等。这些"无言的史书"，见证了阿拉善游牧民族的悲欢离合，揭示了他们遥远的梦想。

第二单元——石雕艺术品展区

这些石雕艺术品大多是立在墓葬的墓碑前或是宗教仪式遗留下来的，造型非常奇特，最具代表性的就是羊身人面像，是羌族人遗留下来的，也有史料记载，他们所供奉的也是这种羊身人面像，以及具有佛教色彩的浮雕造像碑。

第三单元——多媒体放映厅和手印岩画体验区

山洞造型的多媒体放映厅和手印岩画体验区模拟了雅布赖山布布手印岩画的存在地。

第四展厅　秘境藏珍——阿拉善自然生态展

亿万年沧海桑田，造就了阿拉善独特的自然地理环境和气候条件，孕育了丰富的自然资源，蕴藏着无数宝藏与美妙的大自然奇观异景，被世人誉为"中国秘境"。自然生态展厅展有阿拉善大量珍贵的古生物化石、恐龙化石、动植物标本、大漠戈壁奇石等，并营造了多处形象逼真的生物场景，为人们充分展示了阿拉善境内的贺兰山、巴丹吉林沙漠、腾格里沙漠、古老的胡杨林等自然生态景观，通过龙、山、沙、树、石及其他动植物等把阿拉善的神与奇一一展示给观众，下面让我们共同进入自然展厅一同去揭开他神秘的面纱。

恐龙：距今13700～6500万年前的中生代白垩纪时期，是爬行动物恐龙称霸的时代。那个时期的阿拉善地区栖息着许多恐龙，构成了一个恐龙王国。迄今为止，在阿拉善地区发现的恐龙化石主要有阿拉善龙、原巴克龙等。

带你走进博物馆

自然生态展厅

　　阿拉善地质时期遗存丰富，早元古代层叠石记录了阿拉善最早的生命形态，堪称生命先驱。海洋动物群化石为我们描述了古生代阿拉善古海的生命奇观，额济纳、贺兰山一带种类繁多的无脊椎动物群和繁茂的蕨类植物群，反映了石炭纪至二叠纪时期阿拉善滨海景象。

　　距今6500万年前的白垩纪末期，随着恐龙的销声匿迹，一度生活在恐龙阴影下的量少体小的哺乳动物迅速发展起来，库斑猪、巨鬣狗、三趾马、剑齿虎是它们的典型代表。

　　山：阿拉善境内贺兰山脉地处亚洲中东部，东北接阴山山脉，西南与祁连山脉相望，南部是六盘山脉，地理位置

恐龙复原场景

贺兰山生态场景

特殊，山脉资源丰富，被原始森林所覆盖。是野生动植物和昆虫生存的理想天堂，阿拉善野生动物资源丰富，有110余种，其中国家一、二、三级保护类动物20余种，如香獐、雪豹、盘羊等。

沙：阿拉善境内分布有巴丹吉林、乌兰布和、腾格里3大沙漠，统称为阿拉善沙漠，使之被评为世界沙漠地质公园，成为世界上首个也是唯一以沙漠为主题的地质公园。

树：额济纳河位于阿拉善盟额济纳旗境内，也被称为"弱水"，到了额济纳河畔，便到了胡杨的王国。胡杨又名胡桐，蒙古语称"陶来"，是世界上最古老的杨树品种，被称为植物界的"活化石"。一棵胡杨树的主根可以穿越地层100多米，胡杨"生而不死一千年，死而不倒一千年，倒而不朽一千年"，是坚强不屈的阿拉善蒙古族精神的象征。

由于阿拉善地区降水量极少，蒸发量大，气候条件恶劣，胡杨树很容易枯死，再加上胡杨特有的耐腐特性，使大片

带你走进博物馆

沙漠地质公园生态场景

胡杨林

枯死的胡杨树干依然直立在戈壁荒漠上，形成形态怪异的悲凉景观——怪树林。

石：阿拉善位于祖国北疆的沙漠腹地，这里有远古形成的火成岩、变质岩、花岗岩和石灰岩，在近20亿年的地质沧桑巨变和风沙的磨砺下，造就了极富观赏价值的玛瑙、碧玉和独具"形"、"色"的风砺奇石——造型生动、美妙绝伦、浑然天成的阿拉善戈壁奇石。

据地质考古专家考证，阿拉善戈壁奇石原岩由距今大约1亿至800万年前的火山爆发喷射出的岩浆冷却而成，经过长期的地质变迁和日晒风蚀等自然作用，形成了千奇百怪、绚丽多彩的戈壁奇石。目前在阿拉善盟境内发现的奇石有数十种，主要分布于阿拉善左旗北部戈壁地带，具有代表性的奇石有水晶、玛瑙、碧石、玉髓、蛋白石、硅化物等。

阿拉善奇石质地坚硬、造型生动、图纹美丽、色泽斑斓，有的似人物、有的像鸟兽，神韵飘逸，每一个都是无法复制的杰作。其中葡萄玛瑙是戈壁奇石中的珍品，坚硬如玉、晶莹剔透、色彩绚丽、造型奇特，形成条件又十分苛刻，非常稀少，因此十分珍贵。

三、临时展览

1.岁月如歌——阿拉善盟建盟30周年成就展

阿拉善博物馆"建盟30周年成就展"通过相关实物、图片，反映阿拉善建盟30年来，在党中央、国务院的亲切关怀和内蒙古自治区党委、政府的正确领导下，在党的民族政策的光辉照耀下，阿拉善盟历届领导班子团结带领全盟各族人民认真贯彻党的路线方针政策，坚持以经济建设为中心，解放思想、实事求是、艰苦奋斗、奋发图强，加快经济社会发展步伐。特别是进入新

『岁月如歌』展序厅主题浮雕

世纪以来，全盟上下以科学发展观统领经济社会发展全局，抓住国家实施西部大开发战略的机遇，着力加强发展中的薄弱环节，加快推进新型工业化、城镇化和农牧业产业化，加快转变经济发展方式，努力增强发展的协调性和可持续性，全力推动经济社会又好又快发展。通过展览陈列，为人们详细介绍了阿拉善发展的新纪元。

2. 黑城记忆——黑城文物及部分流失佛画（唐卡）图片展

20世纪初，清王朝国力衰微，内忧外患，西方列强大举入侵，强取豪夺，山河破碎，风雨飘摇，古老的中华文明经历了一次又一次浩劫，许多重要历史文化遗迹遭受破坏，大量珍贵文物流失海外，位于中国西部茫茫荒漠之中的黑城遗址（西夏、元）也未能幸免。

1908年3月和1909年6月，俄国探险家科兹洛夫先后两次来到额济纳旗黑城遗址，对城内外的建筑和遗迹进行了破坏性的挖掘，获取了大量佛像、佛画及

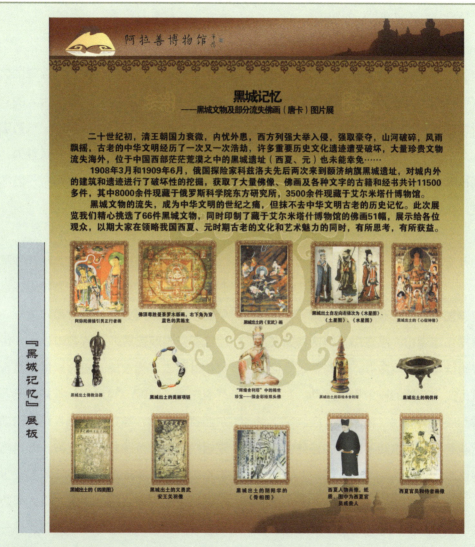

黑城记忆
——黑城文物及部分流失佛画〔唐卡〕图片展

二十世纪初，清王朝国力衰微，内忧外患，西方列强大举入侵，强取豪夺，山河破碎，风雨飘摇，古老的中华文明经历了一次又一次浩劫，许多重要历史文化遗迹遭受破坏，大量珍贵文物流失海外，位于中国西部茫茫荒漠之中的黑城遗址〔西夏、元〕也未能幸免……

1908年3月和1909年6月，俄国探险家科兹洛夫先后两次来到额济纳旗黑城遗址，对城内外的建筑和遗迹进行了破坏性的挖掘，获取了大量佛像、佛画及各种文字的古籍和经书共计11500多件，其中8000余件现藏于俄罗斯科学院东方研究所，3500余件现藏于艾尔米塔什博物馆。

黑城文物的流失，成为中华文明的世纪之痛，但抹不去中华文明古老的历史记忆。此次展览我们精心挑选了66件黑城文物，同时印制了藏于艾尔米塔什博物馆的佛画51幅，展示给各位观众，以期大家在领略我国西夏、元时期古老的文化和艺术魅力的同时，有所思考，有所获益。

阿弥陀佛接引男正行者画

佛顶尊胜曼荼罗木版画，右下角为穿蓝色的男施主

黑城出土的《玄武》画

黑城出土自左向右依次为《木星图》、《土星图》、《水星图》

黑城出土的《心宿神像》

黑城出土佛教法器

黑城出土的美丽项链

"舍利塔"中的稀世珍宝——描金彩绘双头佛像

黑城出土的彩绘舍利塔

黑城出土的铜供杯

黑城出土的《四美图》

黑城出土的义勇武安王关羽像

黑城出土的阴阳学的《骨相图》

西夏人物画像，纸质，图中为西夏官员或贵人

西夏官员和侍者画像

『黑城记忆』展板

各种文字的古籍和经书共计11500多件，其中8000余件现藏于俄罗斯科学院东方研究所，3500余件现藏于艾尔米塔什博物馆。

黑城文物的流失，虽成为中华文明的世纪之痛，但抹不去中华文明古

老的历史记忆。此次展览我们精心挑选了66件黑城文物，同时印制了藏于艾尔米塔什博物馆的佛画51幅，展示给各位观众，以期大家在领略我国西夏、元时期古老文化和艺术魅力的同时，有所思考，有所获益。

3.走进漓江——桂林山水花鸟画阿拉善特展

"走进漓江——桂林山水花鸟画阿拉善盟特展"于2011年11月22日在阿拉善博物馆展出。展览由桂林博物馆与阿拉善博物馆共同主办，是两馆馆际之间进行文化交流的一个重要活动。共展出覃绍殷、吴烈民、谭峥嵘、白晓军、关永华等桂林本土知名画家的桂林山水花鸟画作品54幅。

桂林山水画历史悠久，已成为中国山水画坛的一朵奇葩。历代描写桂林山水的画家，运用独特的艺术语言描绘了桂林的山山水水、一草一木，创作出一幅幅独具风格的佳作。桂林山水画以

其特有的清新、秀丽、淡雅、浑厚的风韵走出桂林，走向世界，受到世人的欢迎。此次展出的作品构思巧妙、气势宏大、情深意遂、风格独特、各具魅力，给人们带来美的享受，使其置身于自然美与艺术美交融的新境界。

4.卫拉特文化艺术交流展

卫拉特是蒙古族的一支。明代称瓦剌，17世纪后期称卫拉特。卫拉特人最早居于叶尼塞河上游，以狩猎为生。13世纪初归附成吉思汗，改营畜牧。15世纪中叶形成了强大的卫拉特联盟，其首领也先汗（1407～1454年）曾短期统一东西蒙古各部，建立卫拉特人统治的国家组织，势力范围东起兴安岭，西越阿尔泰山至巴尔喀什湖、葱岭，北起安卡拉河、贝加尔湖，南抵大漠，成为元朝灭亡后中国古代北方草原民族的最后一股强大势力。16世纪以后，卫拉特联盟活动重心移到大西北（今新疆维吾尔自治区）。联盟中实力最强的准噶尔部把

卫拉特文化艺术交流展

其他部落统一起来，建立了强大政权。

　　卫拉特蒙古族历史悠久，长期以来，卫拉特蒙古族人民以自己的辛勤劳动和艰苦奋斗，发展了蒙古民族的经济、文化，开发了祖国的西北边疆，为推动统一的多民族中国历史的发展做出了重大贡献，其势力所及也直接影响其邻近各部族历史的进程。

　　卫拉特文化艺术交流展是应阿拉善盟首届卫拉特文化艺术展演暨第三届阿拉善群众文化艺术节而筹备的，共展出各类文物及艺术品300余件，展览运用场景、现场互动等形式，通过卫拉特蒙古族历史源流及阿拉善卫拉特蒙古的生活习俗、生产习俗、宗教信仰和文化艺术等5个单元集中展示卫拉特蒙古民族悠久的历史和古老的文明，使观众通过展览全面了解卫拉特蒙古民族，激发广大群众的民族自尊心和自豪感，不断增强民族凝聚力。

带你走进博物馆

5.饰美人生——苗族银饰展

苗族是一个历史悠久、人口众多的民族,主要聚居在中国西南部的贵州、湖南、广西、云南、四川等省区。苗族世代流传着一种习俗,将家中所有的财产都换成白花花的银子,投入熔炉,锻造成丝,编制成花,錾刻成衣,银饰几乎已成为苗族的民族象征。

本次展览共展出银饰203件(套),通过头饰、手饰、胸颈饰、衣背腰饰、图腾隐语5个部分向人们呈现了一个瑰丽多彩的艺术世界,并展示出一个有着丰富内涵的民族精神世界。

苗乡俗语说"锦鸡美在羽毛,苗女美在银饰",银饰对他们而言不仅可以带来吉祥和幸福,也是漂亮和财富的象征,他们天才的运用银饰这门精湛的民间手工技艺来描绘原始图腾,记

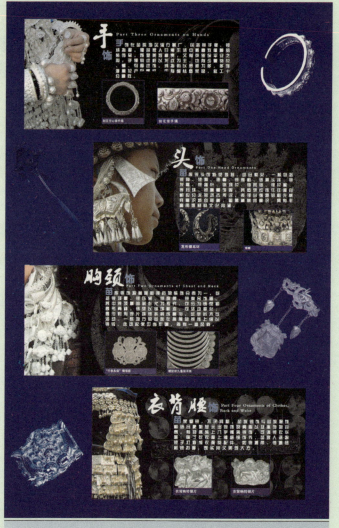

"饰美人生"展板

述宗教巫术意识和感情意识。可以说，每件精致的银饰都是苗族历史文化的积淀，体现了他们的审美观、价值观和民族智慧。

苗族银饰是令人赞叹不已的民族民间艺术奇葩，是我国文化遗产宝库中的重要组成部分。在全面推动建设和谐社会的今天，以苗族银饰为代表的民间艺术正是一种社会效益与经济效益的最佳结合体，它既能美化人们的生活环境、提升人们的文化品位和审美追求，又是一个蕴藏着极其丰富的文化产业资源的宝库。在带给人们美的感受的同时，也希望能引起大众对文化遗产保护工作的关注与支持。

6."苍天的驼羔——阿拉善驼文化专题展"桂林特展

桂林博物馆是"苍天的驼羔——阿拉善驼文化专题展"巡展的第一站。

阿拉善——中华驼乡，中国北方的一片沃土，物产富饶，人文荟萃，这里盛产著名的阿拉善双峰驼，亦是野生骆驼的活动区域，养驼业发达且传承久远，积淀形成了内涵丰富、独具特色的驼文化。本展览共分为"瀚海生灵"、"丝路方舟"和"大漠驼乡"3个单元，通过丰富而具代表性的标本和实物展示，揭示了阿拉善驼文化深刻的历史文化价值，探寻草原蒙古民族生生不息的民族传承之道，感受北方草原文明的雄宏律动，感受中华文明的博大与精深。

阿拉善，素有"驼乡"之誉，高峰时期养驼规模达40万峰，至今仍有10万峰，骆驼数量占全国的三分之二。自和硕特、土尔扈特等蒙古部落定牧以来，养驼逐渐成为当地首要的传统牧业生产活动，历代传习，形成了牧驼、养驼、育驼、调驼、控驼、役使以及赛驼、祭驼等内涵丰富的驼文化，融合地域特色，承草原文化之根脉，受民族精神之濡染，绽放奇葩，深刻地影响着人们的生产、生活乃至情感与思想。

赛驼场景

阿拉善，苍天的驼羔，古老而厚重的驼文化赋予其顽强的生命力，稳重持沉的秉性更赋予其历史的责任。古老的驼队已然远去，养驼业也面临诸多现实的困扰，阿拉善依然坚守一份执著。令人欣慰的是，当前，阿拉善双峰驼已被列入国家级畜禽品种资源保护名录。蒙古族养驼习俗亦已列入国家级非物质文化遗产保护名录。我们坚信，民族的、传统的文化精神必将在不断的传承与蜕变中获得永生。

强化社会教育，服务广大群众

阿拉善博物馆作为悠久历史和灿烂文化的集中展示场所，是草原文明的巨大宝库，是"教育、欣赏、研究"的神圣殿堂，是向社会大众宣传爱国主义和民族文化的教育基地，是广大人民群众共享文化发展的盛宴。阿拉善博物馆自开放以来，秉承科学发展观，坚持"以人为本"，把强化社会教育、服务广大群众作为中心任务，力争以完善的设施、精美的陈列、高水平的讲解、多样化的社会教育和良好的服务，为促进社会主义文化大繁荣、大发展，构建社会主义和谐社会作出了卓越贡献。

一、重要接待

阿拉善博物馆自开馆以来，不仅吸引本盟市广大群众不断参观学习，而且先后多次接待国家、内蒙古自治区和其他省市区领导以及国内外观光团体，他们为草原上升起的这颗融入了现代元素、传播草原文化的耀眼明珠

布赫副委员长参观博物馆

带你走进博物馆

诺贝尔物理学奖获得者杨振宁及夫人参观博物馆

而惊叹不已。

二、开展未成年人教育活动

博物馆是学校课堂教育的延伸，为充分发挥博物馆的教育职能，阿拉善博物馆主动与阿拉善盟多所中、小学以及幼儿园合作，开展未成年人教育活动。通过师生互动和讲解员耐心细致的讲解，将恐龙的足迹、远古的化石、悠久的历史文化、多彩的民族民俗文化等一一呈现，这种趣味无穷、灵活多样的教学内

容和方式极大地拓展了未成年人所受的知识范围和知识层面。

首先，精心准备，因人讲解。博物馆根据未成年人年龄、民族习惯和接受能力制定了相应的讲解方案，力求做到讲解词的浅显易懂、生动有趣。其次，力求讲解内容丰富，以激发未成年人的学习兴趣、增强学习效果为目的。根据活动需求，博物馆宣教部工作人员利用电化和直观教具，如：精心制作幻灯片，充分利用实物、图片等。最后，理论学习与实际操作相结合。增加动手、动脑的活动项目，邀请孩子们到互动空间演练在展厅视听到的有关内容，如：教孩子们亲自制作岩画拓片、演示敬献哈达礼仪、制作民族服饰等，充分调动了同学们参与的积极性，发挥了他们的创造力和想象力。

对未成年人提供历史文化和素质教育是阿拉善博物馆提升社会教育效果的一个重要方向，丰富教育手段，使观众的被动听、讲、看变为主动参与、积极互动，是开展社会教育工作的有益尝试与积累。博物馆与学校、家庭和社会四维一体，开展了丰富多彩的社会活动，大大丰富了孩子们的业余生活，在潜移默化中让未成年人了解和喜爱博物馆，让博物馆成为未成年人的第二课堂。

带你走进博物馆

小朋友聆听讲解

三、发挥爱国主义教育
基地作用

阿拉善博物馆展厅陈列记述着阿拉善草原悠久的历史文化发展脉络，展示了不同历史时期阿拉善地区各族人民创造的辉煌成就，让观众在感受历史和民族文化无穷魅力的过程中，增强对祖国和家乡的热爱之情，也是博物馆的一项重要工作内容。为弘扬和培育爱国主义精神，充分发挥资源，阿拉善博物馆每年定期组织讲解员进部队、进校园、进机关开展共建活动，把历史与现实相结合、把思想教育与实践活动相结合，不断拓展教育，深化和促进爱国主义教育工作，同时，充分利用"世界博物馆日"、"非物质文化遗产宣传日"等主题活动，组织丰富多彩的教育活动，寓教于活动之中。

四、加强讲解员素质教育，
提供优质服务

宣传讲解工作是博物馆的重要职能之一，担负着保护和宣传历史文化以及连接观众的桥梁和纽带的重任。讲解队伍的精神风貌和讲解水平是一个博物馆综合实力和整体素质的集中体现，为此，阿拉善博物馆非常重视讲解队伍的建设。

在择优选拔人才方面，制定完善的培训计划。阿拉善博物馆始终面向社会公开招聘优秀讲解员，把学历高、形象好、综合素质高的人才吸纳进来，不断为讲解队伍注入新鲜血液和年轻活力。

在加强内部管理方面，形成科学、规范、合理的学习氛围，坚持讲解员基本功训练及业务知识学习。定期对讲解员进行综合素质大练兵和听专家知识讲座等活动，在学习过程中了解阿拉善的历史，掌握一定的文博知识，定期测评，树立崇尚学习、重视积累的工作观。此外，博物馆还经常派讲解员参加自治区和盟市组织的演讲比赛和

小小讲解员

各类知识竞赛，通过这些活动，不仅取得了优异成绩，而且增强了大家的集体荣誉感，积累了工作经验，提高了讲解员的应变能力和宣讲能力，还起到了宣传扩大阿拉善博物馆影响的作用，无形中提升了博物馆的知名度。

在政治思想教育和提供优质讲解服务方面，通过不断进行政治思想教育，使讲解员树立讲政治、讲正气、讲奉献的理念，这也是时代赋予的责任和使命。在引导观众参观的过程中，讲解员能做到面带微笑，热情服务，真诚相待，一视同仁，因人施讲，通俗易懂；此外，馆里为国际友人和蒙古族观众备有多种语言语音导览器。优质服务为馆里赢得好评如潮。

五、拓展博物馆志愿者工作

为提升阿拉善博物馆的社会服务功能，弘扬志愿者精神，向志愿者提供实现社会价值和个人价值的平台，博物馆组建了志愿者和小小讲解员队伍，据其兴趣与特长，为他们提供了相关资料，

带你走进博物馆

进行了业务培训，让他们承担了部分义务讲解和服务社会大众等工作。志愿者以无私奉献的精神、热情周到的服务传播着阿拉善地区历史文化知识，推动着社会主义精神文明建设，得到观众、学校和家长的一致认可。

六、开展丰富多彩的社教活动

为了让博物馆教育进一步走向社会、贴近百姓，阿拉善博物馆组织了一系列丰富多彩的社会教育活动。如：进入社区举办的"弘扬民族文化，共建和

小学生在棋艺互动区体验蒙古象棋

谐家园"为主题的活动，吸引当地群众兴致勃勃地参加博物馆组织的"我爱家乡——博物馆知识有奖问答"，组织学生亲身体验中国古代四大发明的造纸术和活字印刷术等。通过开展这些丰富有趣的活动，不仅使观众"耳闻目睹"，还让观众有了更多参与互动的机会，缩短了博物馆与观众之间的距离。

七、定期开展征询观众意见工作

为了更好地服务于观众，阿拉善博物馆针对展览陈列、参观环境、社会教育、服务质量等具体问题，通过与观众交谈或意见征询、调查问卷等方式，定期进行调查访问，了解观众之需及对博物馆的满意度等，馆内设置了投诉电话、观众留言簿。同时，对他们反馈的意见、建议进行分析研究，及时做出相应的调整。

参观、服务指南

  阿拉善博物馆位于巴彦浩特镇东城区，市内可乘坐1路公交车直接到达，设有免费停车场。

  馆内辟有多媒体演播厅、多媒体互动区、学术交流厅、贵宾接待室和青少年互动空间。为更好地服务于观众，馆内还设有旅游纪念品发售区、服务区、咖啡厅、图书阅览区、问询处、存包处和观众休息区，此外还提供残疾人轮椅、公用电话、急救箱、雨伞等便民服务设施。

  为使参观环境井然有序，成人参观需出示身份证。为确保观众和藏品安全，使参观有序进行，除讲解员外，博物馆安保人员全程"保驾护航"，维持参观秩序。

阿拉善博物馆楼层总索引

  一层：贵宾厅、综合展厅、自然展厅、旅游纪念品服务区、安保部、讲解员办公区、咖啡厅、图书阅览区

  二层：史刻艺术展厅、历史展厅、民族民俗展厅、多媒体放映厅

  三层：行政办公区、学术报告厅

  零层：配电室、消控中心、中控机房、艺术中心、库房区、文物修复室、摄影室、信息资料室、图书室

  地址：内蒙古自治区阿拉善盟巴彦浩特镇东城区额鲁特东路

  邮编：750306

  电话、传真：0483-8338661

  电子邮箱：alsbwg2008@163.com

  网址：http://www.alsbwg.org

  开放时间：每周一闭馆，周二至周日9：00～17：00免费开放

带你走进博物馆

后　记

　　本书由阿拉善博物馆编写，是对阿拉善博物馆较全面系统的介绍。"概况"、"文物保护和征集"、"参观、服务指南"三部分由王秀梅执笔，"发展史"由秦清、边文利执笔，"馆藏精品文物"由梅花执笔，"展览陈列"由王晓莉执笔，"强化社会教育，服务广大群众"由蔡彤华执笔。图片摄影杨峰、陈东旭。本书由张震洲、王秀梅统稿审修，景学义审定。

　　由于水平有限，不足之处，敬请专家同仁们指正。

编　者

2013年5月1日